1천만 원이
100억 되는
땅에 투자하라

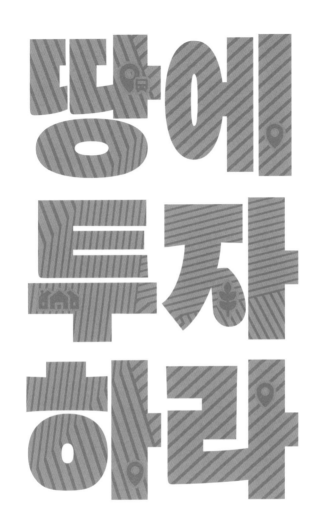

1천만 원이 100억 되는

내 돈 버는 토지 투자 비법

땅에 투자하라

전은규, 박광원 지음

RHK
알에이치코리아

프롤로그

나는 20대 후반부터 약 20년간 '대박땅꾼'이라는 닉네임으로 전국을 누비고 다닌 토지 투자 전문가다. 토지를 중심으로 부동산 투자를 하면서 현재 총 100억대의 자산을 축적했다.

직장인 20년 차였다면 꿈도 꾸기 힘든 액수다. 만일 직장인으로 남았다면 내 집 마련에 성공했을지 생각해 봤는데 쉽지 않았을 것이다. 혹여 마련했다고 해도 거액의 대출금을 갚느라 허리가 휘고 있을지도 모르겠다.

나의 직장생활은 총 4년으로 그리 길지 않았다. 오래 해 봐야 파악하는 게 있는 반면, 짧게 경험해도 요즘 표현으로 '각'이 나오는 경우가 있다. 내 경우에는 그게 직장생활이었다.

나의 목표가 아닌 오너의 목표, 회사의 목표를 위해 일하는 데 회의감을 느꼈다. 회사는 내 의지, 내 생각, 내 바람과 무관하게 흘러가는 곳이었기에 보람을 느끼지 못했다.

하지만 나는 남다른 특기도 소질도 없는 내 깜냥을 알았기 때문에 딴생각하지 않고 성실하게 일했다. 그러나 첫 회사는 갑자기 경영난으로 문을 닫더니 내 임금을 떼어먹었고, 그다음 회사는 상사가 나를 집요하게 괴롭혔다.

나는 직장을 계속 다니려고 했으나, 다닐 수 없는 이유가 속속 생겼고 나와 맞지 않는 직장은 하루하루가 고역이었다. 사실 내 경험은 그렇게 특별할 것도 없다. 이 모든 게 직장인들에게는 흔하게 일어나는 일이기 때문이다.

직장생활이 다 그렇지 뭐 하면서 체념할 무렵, 부동산 회사에 취직했다. 그곳에서 일을 배우다가 토지 투자에 매료됐다. 무엇보다 소액으로도 토지 투자를 할 수 있다는 사실에 놀랐다.

소액 투자를 통해 30세에 처음으로 내 소유의 땅을 가졌던 느낌과 그 땅이 수익을 냈을 때의 기분을 지금도 잊을 수 없다. 그보다 더 기뻤던 건 내가 토지 투자에서 확실한 미래를 봤다는 점이다. 처음 시작하는 게 어렵지 이후에는 쉬웠다. 직접 해 보니 길이 보였다. 내 발로 뛰고 내 눈으로 보며 내 마음이 결정한 후에는 책임도 온전히 내가 지므로 결과를 두고 억울해할 것도 없다.

땅이 좋은 건 아파트와 다르기 때문이다. 아파트는 층을 높이면서 사용 면적을 늘릴 수 있지만 땅은 그럴 수 없다. 아파트 가격이 폭락해도 땅값은 떨어지지 않는 안정성이 거기서 나온다.

또한 땅은 아파트와 달리 소액으로도 살 수 있다. 다만 땅을 사서 수익을 보려면 치열하고 꼼꼼한 공부가 필수다. 하지만 앉아서 하는 공부와 뛰면서 하는 공부를 병행하니 지루하게 느껴질 틈이 없다.

내게 토지 투자는 더없이 능동적이고 자주적인 업(業)이었다. 책을 읽으며 공부하고, 전문가를 찾아가고, 현장에서 발로 뛰고, 안목을 길러서 좋은 땅을 사는 모든 과정이 내 계획이자 결실이었다.

그때 느낀 기분은 고스란히 삶의 역동으로 이어졌다. 먹지 않아도 배가 고픈 줄 몰랐고 잠을 못 자도 피곤한 줄 몰랐다. 내 의식은 항상 즐거움과 희망으로 각성한 상태였는데, 사회생활을 시작한 후 처음 갖게 된 감정이었다. 그래서 나는 직장을 그만두고 전업 투자자의 길을 걷기 시작했다.

"이 책은 늦은 감이 있네요. 진작 나왔어야 할 책 같은데요."

책을 내려고 출판사 관계자를 처음 만났을 때 들었던 말이다. 이렇게 오래 토지 투자 전문가의 길을 걸었으면서도 왜 그동안 내 이야기를 들려주는 책을 안 썼냐는 의미로 느껴졌다.

나는 이미 많은 책을 낸 토지 투자 전문 저자이긴 하다. 어떤 분야의 전문가들이 책을 낼 때는 보통 자기의 삶이나 커리어를 가장 먼저 담는 경우가 많다. 하지만 내가 지금까지 출간한 책들은 대부분 토지 투자 실전서였다.

1천만 원이 100억 되는 땅에 투자하라

대개는 자신이 어떤 사람인지, 어떻게 특정 분야의 전문가가 될 수 있었는지 그 역사를 들려주면서 인지도와 신뢰성을 높인다. 그 후에 자신이 가진 전문성이나 노하우를 담은 책을 하나둘씩 내는데, 나는 그 반대였다.

나는 오랜 시간 발로 뛰며 토지 투자의 이론과 실전을 투자자의 관점에서 완벽하게 체득했고, 토지에 투자하려는 사람들이 가장 목 말라할 '전문적인 토지 투자 노하우'에 관한 책들을 먼저 펴냈다.

〈집 없어도 땅은 사라〉, 〈대박땅꾼 전은규의 당신의 땅을 가져라: 경매편〉, 〈대박땅꾼의 그래도 땅을 사라〉, 〈대박땅꾼 전은규의 이번에는 돈 버는 월세다〉, 〈토지투자 무작정 따라하기〉와 같은 책은 전부 토지 투자의 이론과 실전에 관한 지식을 담은 것이다.

토지 투자를 투기로 오해하거나 어려울 것이라는 막연한 편견을 가진 초보자부터 토지 매매나 경매 경험이 있는 사람들까지 유용하게 읽을 수 있는 실용적인 책이라는 평가를 많이 받았다.

내가 이렇게 투자 실전서를 먼저 쓴 이유는 내가 이룬 결실이 있어야 내 말에 설득력이 생긴다고 생각했기 때문이다. "그래서 얼마나 부자가 됐는데?"라는 질문을 받았을 때 그만한 결과물이 없으면 누가 나를 신뢰하고 내 이야기에 귀기울여 주겠나 생각했다.

그래서 이 책은 앞선 책들과 다르게 '대박땅꾼 전은규'라는 사람을 이야기한다. 지금은 12만 평의 토지를 보유한 100억대 부동산 자산가지만, 과거에는 얼마나 미래가 불투명한 사람이었는지 아는 이

들이 많지 않다.

잘하는 것도 없었고 성격도 내성적이었다. 그런 사람이 큰 부자가 되어 강연을 하고 책을 쓰고 컨설팅을 한다. 나도 때때로 지금의 삶이 믿기지 않는다. 한 분야에서 10년만 정진하면 전문가가 된다는데, 나 같은 사람도 20년 동안 몰두했더니 전문가가 될 수 있었다.

이제 내 이야기를 솔직히 드러냄으로써 나 같은 사람도 성공했으니 누구나 토지 투자를 할 수 있다는 용기를 전하고 싶다.

물론 매번 성공한 건 아니다. 항상 성공하는 건 아무도 할 수 없는 일이다. 실패, 좌절, 눈물 없이는 높은 자리에 오를 수 없다. 고난을 극복할 수 있었던 비결은 내가 투자한 분야가 토지였기 때문이다. 토지는 다른 부동산 투자보다 안정적이다.

바늘구멍을 뚫고 입사했지만 1년 만에 퇴사하는 신입 사원의 비율이 20% 안팎이란 기사를 봤다. 기성세대로서는 '젊은이들이 근성도 없고 배가 불렀다'라고 힐난할 수 있지만, 각자 원하는 삶의 모습이 다르기에 자기가 그리는 삶을 찾는 것일 뿐이다.

다만 청년층이나 중장년층이나 은퇴하면 이후 30~40년 이상은 월급 없이 먹고살아야 한다는 점은 같다. 근로 소득이 들어오는 시기는 짧으므로 미리 은퇴 후를 대비한다는 차원에서 재테크나 투자에 눈을 떠야 한다.

토지 투자는 내 월급을 쪼개서도 할 수 있다. 바로 내가 그랬다. 작은 필지라도 내 땅을 소유하고 있으면 직장생활이 한결 견딜 만해진다. 땅값이 조금만 올라도 상사의 히스테리쯤은 웃으며 털어낼 수 있지 않을까? 직장생활을 여유롭고 너그럽게 할 수 있는 비결이 되는 것이다.

나라 안팎의 경제 상황이 한목소리로 역대급 불황을 외치는 이때 계획을 가지고 움직이는 사람은 불안에 짓눌리지 않는다. 주말이면 운동화 끈을 꽉 매고 토지답사를 가기 위해 길을 나서는 모든 분에게 이 책을 바친다.

끝으로 이 책을 위해 함께 애써 주신 박광원 대박땅꾼 부소장님, 항상 아낌없이 조언을 해 주시는 오픈마인드 김양구 대표님, 화성 TY개발 박효근 대표님과 김진영 팀장님, 특수경매 전문가 이종실 교수님, 김형선 박사님, 부동산 오감스 최이준 대표님, 디잔트 우태·우성 대표님, 원고 정리에 도움을 주신 양재형 님, 그리고 알에이치 코리아 편집부에도 깊은 감사를 드린다.

차례

Chapter 2.
3,000만 원뿐인 직장인이 투자 고수가 된 비결

Chapter 3.
투자 정보는 굴러들어 오지 않는다

Chapter 6.
당신도 부자가 될 수 있다

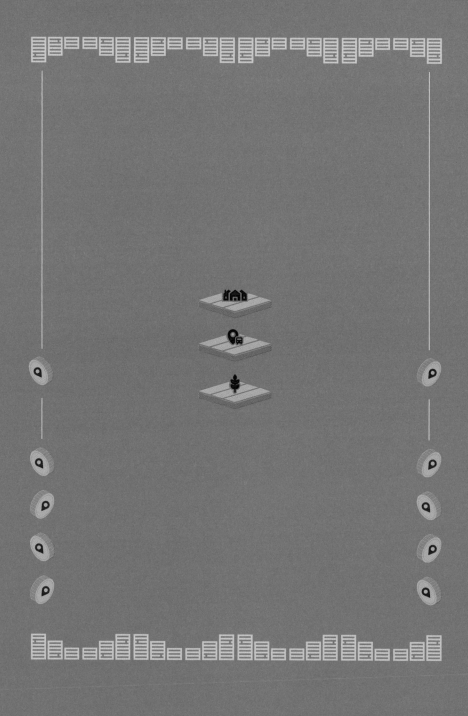

Chapter 1.

한 권의 책으로
토지 투자에 뛰어든
월급쟁이

월급쟁이로 사는 건 힘들어

"일요일 오후만 되면 가슴이 두근거리고 마음이 무거워져요."

"왜 아직 수요일이에요? 시계가 고장났나?"

"내 어깨에 누가 올라탄 것 같아요. 자도 잔 것 같지 않은 내 몸!"

오래전에 직장생활을 경험한 나도 같은 말을 했다는 사실을 떠올리면 이런 게 직장인의 숙명인가 싶다. 다혈질의 상사는 하루도 조용히 지나치는 법 없이 호통쳤고, 무거운 물건을 하도 많이 들어서 젊은 나이에도 근육통으로 고생했다.

한 명이 여러 가지 일을 해야 하는 작은 회사라 그런가? 체계가 있는 대기업에 다니는 사람들은 자기 일만 해도 되니까 좀 편하지 않을까? 막연히 이렇게 생각한 적도 있는데 카페 회원들 중 우리나라 최고의 대기업에 다니던 분이 어느 날 그러셨다.

"땅꾼님! 나도 직장 그만두고 땅꾼님처럼 전업 투자자가 될까 봐요."

"에이, 농담하지 마세요."

"왜요? 직장생활은 생각보다 빨리 끝날 수도 있고, 토지 투자처럼 시간이 필요한 일은 하루라도 빨리 시작하면 좋지 않을까요?"

농담이라고 하기엔 진지하게 생각하신 것 같았다. 내 대답 여하에 따라 능히 실행에 옮길 분이었다. 그래서 책임감을 느꼈지만 나는 망설이지 않고 답했다.

"절대 그만두시면 안 됩니다."

"어, 의외네요? 당장 같이 하자고 하실 줄 알았는데."

"저는 반강제로 전업 투자자가 됐지만, 선택의 여지가 있다면 직장을 그만두시는 건 말리겠습니다. 굳이 그럴 필요가 없기 때문이에요. 직장에 다니면서 주말만 이용해도 충분히 투자할 수 있거든요."

15년 전 그때나 지금이나 내 생각은 같다. 가슴에 사직서를 품고 다니다가 멋지게 던지고 나오는 것! 많은 직장인의 꿈일 것이다. 그게 홧김에 이뤄지는 게 아니라 정말 멋있게 이뤄지려면 직장 말고도 믿을 구석이 있어야 한다.

'내가 이 회사 안 다닌다고 죽을 거 같아? 나에겐 OOO이 있다고!'에서 'OOO'이 이직이라 '새 직장'이든, 전직이라 '새 직업'이든, 창업이라 '내 사업'이든, 투자의 길이라 '재테크'든 뭐라도 준비되어야 어깨를 펴고 회사를 그만둘 수 있다.

다행히 그 회원님은 직장을 계속 다니면서 조금씩 땅에 투자하기 시작하셨다. 주말마다 나와 땅을 보러 다니며 투자하거나 경매를 했고, 지금도 꾸준히 투자하고 계신다. 투자 수익이 어느 정도 안정되면 나와 같은 전업 투자자의 길을 가겠다는 목표도 세우셨다.

이렇게 직장과 토지 투자를 병행하는 분들과 이야기를 나눠 보면 투자를 시작하니 직장생활이 전과 달라졌다는 말을 많이 듣는다. 일로 보나 관계로 보나 상황은 별로 달라진 게 없지만 회사 밖의 상황은 분명 전과 달라졌다는 것이다.

작게 시작한 투자가 당장 한두 달 사이에 경제적 자유를 주는 건 아니지만, 나의 미래에 투자하고 있다는 생각은 심리적인 활력과 함께 자신감을 줘서 내면을 더욱 강하게 만든다. 그만두고 싶기만 했던 직장이 어느덧 견딜 만해지고 마음 한구석이 든든해지는 변화가 생긴 것이다.

작사가로 유명한 김이나 씨는 직장생활을 하면서 7년간 틈틈이 작사했다고 한다. 저작권료가 자신의 월급을 훨씬 웃돌고 그게 평균치가 될 때까지 직장을 그만두지 않았다. "내 생활을 유지하면서 다른 꿈을 준비하면 쉽게 포기하지 않는다"라는 김이나 씨의 말에 전적으로 동의한다.

내 꿈에 투자하는 상황에서 월급이 있다는 건 감사한 일이다. 꾸준한 수입은 투자의 지속성을 위해서도 아주 중요하기 때문이다. 나도 그것을 경험했던 시간이 있다.

회사는 나한테 왜 이러지?

나는 20대 후반에 제대 후 신문사에서 직장생활을 시작했다. 신문방송학과를 나왔기 때문에 전공을 살려야겠다는 생각으로 언론사에 지원했지만, 현실은 녹록지 않았다.

번듯한 주요 언론사에 취업하고 싶었지만 요즘 표현으로 나의 '스펙'은 별로였다. 운 좋게 수능을 잘 봐서 서울 4년제 대학에 입학했으나 학점이 좋지 않았다.

예나 지금이나 언론사 취업은 '언론 고시'라고들 할 만큼 서류 전형이 힘들다. 하지만 더 큰 문제는 면접이었다. 내성적인 성격이라 나서서 말해야 하는 일에 스트레스를 받고 부들부들 떨다가 결국 말도 제대로 못 하고 면접에서 떨어졌다.

그러다가 작은 경제 신문사에 입사했다. 기자는 아니고 광고 영업

업무였다. 그래도 전공을 살려서 취업했다는 만족감이 컸고, 선배들을 따라다니며 대기업이나 유명 기업의 관계자들을 만나는 일을 하면 기분이 좋았다.

꽤 높은 위치에 있는 분들과 만날 기회도 많았는데 사회초년생인 내가 언제 성공한 기업인들을 만나 볼 것이며 그분들이 하는 말을 가까이서 들을 기회가 있을까 생각하니 뿌듯하기도 했다.

사실 내가 입사한 신문사는 2000년대 이전만 해도 삼성동 무역센터 안에 있을 정도로 잘나갔는데, IMF 이후 재정 상태가 나빠져 내가 입사할 때는 성수동의 허름한 건물로 옮긴 후였다.

지금은 성수동이 젊은이들의 핫플레이스로 인기가 좋지만, 그때만 해도 낙후된 공장 지대라는 이미지만 있었다. 출근한 지 며칠 되지 않은 어느 날 발밑으로 뭔가 휙 지나갔다.

"으악! 선배님 뭐가 지나갔어요. 보셨어요?"

"응 OO마우스야. 뭘 그리 놀라나? 귀여운 친구 무안하게."

선배는 보던 서류에서 눈도 떼지 않고 말했다. 쥐가 나오는 건 늘 있는 일인지 놀라지도 않았다. 어이가 없었지만 한낱 쥐 때문에 회사를 그만둘 수는 없었다.

그 후로도 몇 차례 화들짝 놀라긴 했지만 곧 익숙해졌다. 내가 돌봐야 하는 것도 아니고 그냥 빠르게 왔다 갔다 하며 제 일에 바쁜

놈들이니 그러려니 하게 됐다.

회사가 내가 일한 만큼 월급을 잘 주면 괜찮았을 것이다. 당시 신입 사원이 월급으로 보통 100만 원을 받을 때 나는 90만 원밖에 못 받았다. 그래도 첫 직장의 첫 월급이라 기쁘게 받았다.

그런데 얼마 지나지 않아 월급이 절반만 나왔다. 그리고 그다음 달은 월급이 아예 나오지 않았다. 직원들이 회사를 상대로 집단 소송을 제기했지만, 사정은 나빠지기만 해서 결국 나는 3개월 치 월급을 받지도 못하고 입사 6개월 만에 떠밀려 나왔다.

첫 단추를 잘 끼워야 한다는 말이 있는데 첫 직장이 이런 상황이어서 걱정이 컸다. 이력서에 쓰기에는 짧은 경력이고, 쓴다고 해도 재정난으로 문을 닫은 회사다.

잘나가던 회사가 돌연 문을 닫을 때, 평상시엔 그렇게 '가족 같은 회사'라고 했으면서 직원들은 회사가 문을 닫기 직전이 되어서야 상황을 알기도 한다. 회사의 흥망성쇠에서 직원은 소외되는 상황이 빈번하다. 회사가 내 인생을 책임지지 않는 것이다.

흔들리는 청춘

첫 직장에서 데인 후, 평소에도 건강과 의료에 관심이 많았기 때문에 의료기기 회사의 문을 두드렸다. 어릴 땐 내성적인 데다가 발표도 제대로 못 했지만, 그렇다고 책상에 가만히 앉아 사무만 보는 것도 내키지 않아서 과감하게 영업직에 지원했다.

영업을 잘하진 못해도 일 때문에라도 사람을 만나서 말하다 보면 성격이 달라지리라 생각했다. 지금 여러 사람 앞에서 강의하는 데 어려움이 없는 걸 보면 당시의 선택이 옳았던 것 같다.

두 번째 직장은 임플란트를 비롯하여 치과에 필요한 자재를 취급하는 회사였다. 입사한 지 일주일이 지나고 선배가 말했다.

"은규 씨, 아깝다! 조금만 빨리 입사하지."

"왜요?"

"열흘 전에 괌으로 워크숍 다녀왔거든요."

"네? 괌으로요? 모두 다요?"

나는 꽤 충격받았다. 직원 월급도 밀려서 끝내 문을 닫은 회사가 있는가 하면 전 직원이 해외로 워크숍을 가는 회사도 있다니! 그 저변엔 7명에 불과한 임직원이 80억 안팎의 매출을 올렸다는 엄청난 업적이 있었다.

그때 한 가지 결심을 했다. 나도 회사를 만들면 월급을 꼬박꼬박 잘 주는 건 물론이고 회사가 잘될 땐 꼭 직원들을 데리고 해외로 포상 휴가를 다녀오는 오너가 되겠다는 것이었다.

나는 그게 사람 사는 맛이라고 생각했다. 회사가 잘된다는 건 여러 직원의 기여가 있었다는 뜻이다. 월급 외의 보너스는 직원들에게 다른 차원의 동기부여가 된다.

하지만 나는 이 회사도 오래 다니지 못했다. 불같은 성격을 가진 오너와 갈등이 있었기 때문이다. 직원들에게 폭언을 퍼붓는 걸 옆에서 지켜보기만 해도 스트레스를 받았는데, 어느 날은 내게도 견딜 수 없는 말을 하길래 그 길로 퇴사했다.

일이 힘든 건 참을 수 있지만 사람이 힘들게 구는 건 견디기 어렵다. 사실 많은 직장인이 똑같이 겪는 고충이지만 나는 참을성이 없었고, 참고 싶지도 않았다.

옮겨간 직장 역시 의료기기 회사였으며, 똑같이 영업직에서 일했다. 이 회사는 렌즈를 비롯해 안과에서 사용하는 의료기기를 취급했는데, 의사는 아니지만 다른 분야보다 피를 덜 보는 쪽이라 좋다는 단순한 발상으로 지원했다. 나는 여러 업무를 맡아서 언제는 이런 일도 있었다.

"아악!"

"아이구, 죄송합니다!"

승객 한 명이 외마디 비명을 질렀다. 나는 버스 안에서 죄송하다는 말을 연발했다. 버스가 급정거하는 바람에 손에 엉성하게 들고 있던 검정 비닐봉지를 놓쳐서 일어난 일이었다. 봉지 안에 들어 있던

1천만 원이 100억 되는 땅에 투자하라

돼지 눈알들이 쏟아져 버스 바닥을 데굴데굴 굴러다니기 시작했다.

"악! 이 끔찍한 건 뭐예요?"

"이거요? 그게…. 돼지 눈알인데요. 죄송합니다."

"아니, 왜 돼지 눈을?"

"아, 네…. 그게 좀 필요해서요."

"그럼 잘 좀 싸시지 이게 뭐예요? 심장 약한 사람은 기절하겠어요."

"놀라셨죠? 죄송합니다. 정말 죄송합니다."

물론 나도 비닐봉지에 담긴 돼지 눈알 수십 개를 처음 봤을 때는 너무 두려워서 이 일을 어떻게 계속하나 심란했다. 그런데 그날은 맨손으로 돼지 눈알을 주워 담기까지 했다. 연신 죄송하다고 하며 여기저기 굴러간 돼지 눈알을 주섬주섬 담는데 등에선 진땀이 나고 악몽이 따로 없었다.

안과에 필요한 의료기기를 영업하다 보면 수술 연습용 동물 안구가 필요할 때가 있다. 보통 사람의 안구 구조와 가장 비슷하다 해서 돼지 눈을 쓴다.

그래서 가축도매시장에서 돼지 눈알을 사고 버스에 탔다가 그 사달이 난 것이다. 그나마 승객이 별로 없는 시간이라 다행이었지만 몇 안 되는 승객들은 나만큼이나 그날을 잊지 못할 것 같다.

이보다 힘든 일도 많았다. 항상 무거운 짐을 가지고 지역별로 병원을 돌아다녀야 해서 내가 영업 사원인지 택배 기사인지 모르겠다 싶을 때도 있었다. 젊고 건강했는데도 몸에 무리가 갔다.

거기다 신입 사원이 병원 원장들을 상대하는 건 분명 벅찬 데가 있었다. 일반 회사보다 근무 시간도 길고 야근도 잦았는데, 일요일은 의료기기 전시회에 지원을 나갈 때가 많아서 휴일이 되어도 쉬기 어려웠다.

그러나 일이 힘들다는 이유로 회사를 관둬야겠다고 생각한 적은 없었다. 물론 일도 힘들었지만, 그것보다는 직장 내의 인간관계에서 마찰이 생기는 것이 훨씬 견디기 어려웠다.

상사가 속된 말로 나를 갈구기 시작하는데 그 빈도가 점점 잦아지고 강도까지 세졌다. 이런 상사를 견디며 계속 일할 수 있을지 장담하기 어려웠다.

입사 1년이 지났을 때는 체중이 줄고 머리도 빠졌다. 이렇게 살다가는 정신이 피폐해져서 어떻게 될 것만 같았다. 그러다 보니 애꿎게 회사 자체에도 회의감이 들기 시작했다.

2년 동안 일하면서 의약품이나 의료 자재, 의료기기 등을 취급하는 회사들이 얼핏 작은 회사처럼 보여도 실제로는 꽤 알짜배기라는 것을 느꼈다. 당시 다니던 회사도 직원은 15명밖에 되지 않았는데, 100억 가까운 매출을 내고 있었다.

하지만 이렇게 탄탄한 회사인데도 날마다 모욕적인 언사를 듣다 보니 월급에 목을 매는 일에 회의감이 몰려왔다. 생각이 그쯤 다다

1천만 원이 100억 되는 땅에 투자하라

르자 바로 사직서를 제출했다.

내성적이지만 가만히 앉아만 있을 성격은 아니었고, 생산적인 일을 위해 계속 움직이는 체질이라 그런 결단이 가능했던 것 같다. 회사를 관둔 뒤에는 조금씩 마음의 여유를 되찾았다. 여기가 아니라도 나 하나 있을 곳은 또 있을 거라며 긍정적으로 생각했다.

엉성한착각

하지만 20대의 짧은 경력으로는 구직 활동이 원만하지 못했다. 전공을 살린 분야나 관심 있던 분야로 가도 직장인으로서 일하는 건 나와 맞지 않았다.

지금 생각하면 나는 그렇게 좋은 직원이 아니었다. 신입 사원의 미덕이라면 각 잡힌 행동에 시원시원한 대답, 똘똘하고 빠릿빠릿한 행동들이 있는데 나에게는 그런 면모가 부족했다. 잔머리를 굴릴 줄은 몰랐지만, 어떤 면에서는 느리고 답답해서 오너든 상사든 야단치고 지적하게 되는 직원이었다.

그래도 다시 일을 찾아야 했다. 배운 게 도둑질이라고 의료기기 관련 회사만 2년을 다녔으니 의료기기 대리점을 차리는 방향도 생각했지만, 돈이 없어서 어쩔 수 없이 여기저기 이력서를 넣고 다녔다.

그런데 많은 입사 서류를 챙기느라 정신이 없다 보니 사고를 제대

로 쳤다. A사 면접 날이었는데 B사의 이력서를 들고 간 것이다. 제출
할 때까지도 몰랐다가 담당자가 말해서 알게 됐다.

"전은규 씨, 여긴 B사가 아닙니다."
"죄송합니다! 제가 정말 A사에서 일하고 싶어서 밤새 면접 준비를 하다가
실수로 다른 이력서를 가져온 것 같습니다. 부디 선처 부탁드립니다."

뒤통수가 화끈거리고 진땀이 났지만 90도로 허리를 꺾어 죄송하
다고 했다. 해서는 안 되는 실수를 저질렀으면서도 담당자가 웃으며
넘어갔기에 임기응변이 통했다고 생각했다. 하지만 그건 큰 착각이자
희망사항일 뿐이었다. A사로부터 아무런 연락이 오지 않았고, 그대
로 떨어졌다. 부끄럽고 창피했다.

구직 중인 청년들이 보면 어이없다고 웃을 일이다. 지금은 대학 재
학 시절부터 인턴 활동을 하고, 목표로 하는 회사를 분석하며 자신
이 어떤 인재로서 어떻게 회사에 기여할 수 있을지 치열하게 증명해
야 한다는데 나는 준비가 한참 부족했다.

새로운 직장을 금방 구하지 못하면서 고민은 깊어졌다. 우리나라
에서는 재력가 집안이거나 전문직, 사업가, 연예인이나 스포츠 스타
가 아니고서야 어디 가서 돈을 잘 버는 건 고사하고 좋은 직장에 들
어가기도 어렵다는 현실이 점점 더 차갑게 다가왔다.

여기저기 이력서를 넣고 있는데도 아무데서도 연락이 없으면 어떡

하지? 돈을 벌 방법이 직장생활밖에 없나? 뭘 해야 돈에 전전긍긍하며 살지 않을 수 있을까 생각했지만 뾰족한 해법이 없었다.

뱅크인데 은행이 아니라고?

그즈음 '스피드뱅크'라는 회사가 신입 사원을 뽑는다는 소식을 접했다. 부동산 관련 회사라는 건 알았지만 '뱅크면 은행 관련 일인가?'라고만 생각했다.

정확히 어떤 일을 하는 회사인지 알아보지도 않고 내 멋대로 추측하며 이력서를 넣었다. 실제로 채용되고도 한동안 스피드뱅크가 정확히 뭘 하는 회사인지도 모르는 상태에서 하라는 일만 했다.

코미디가 따로 없었다. 자기가 지원하는 회사가 어떤 일을 하는지도 모르고 지원한다는 건 요즘 같아서는 있을 수 없는 일이지만 그때의 나는 그랬다.

입사 초기에 속으로 '부동산 회사 이름이 왜 스피드뱅크야?'하는 궁금증이 떠나지 않았지만 더 묻지는 않았다. 질문하면 내 부족함이 드러날 것 같았기 때문이다.

지금 부동산 시장은 '네이버 부동산'이나 '직방' 같은 대기업이 잠식했지만, 예전에는 '스피드뱅크', '부동산114', '닥터아파트' 같은 인터넷 기반의 중견 부동산 중개업소가 많았다.

우리 회사는 1년에 회비 50만 원에서 100만 원 정도를 받고 가맹을 맺은 부동산 중개업소의 매물을 업로드했다. 회사는 가맹점의 매물이 네이버에 노출되도록 했는데, 그게 효과가 좋아서 스피드뱅크의 인기가 날로 높아졌다. 가맹점이 1만 개가 넘었다.

당시로선 혁신적인 방법이었기 때문이다. 직접 찾아가지 않고 책상에 앉아서 사진을 비롯한 매물 정보를 확인할 수도 있고, 거래도 가능하다니! 이전엔 상상도 할 수 없는 일이었다.

나는 평택을 비롯해 경기 남부 지역의 부동산 중개업소들을 대상으로 가맹 계약을 영업했다. 때로는 중개업소 측에서 먼저 연락을 해서 찾아가기도 하고, 계약 기간이 끝나면 재계약 관리도 했다.

나는 스피드뱅크에 다니며 많은 부동산 매물을 봤다. 하지만 땅이나 아파트를 아무리 많이 봐도 아무런 생각이 들지 않았다. 부동산 투자에 관심이 생기지도 않았다.

나는 가맹점을 하나라도 늘려야 월급이 오르는 월급쟁이일 뿐, 부동산은 부자들이나 투자하는 분야라는 고정관념이 있었다. 나는 돈이 없었으니 한 평이든 백 평이든 가질 수 없는 물건이란 점에서는 모든 게 그림의 떡에 불과했다.

많은 가치가 눈앞에서 기회로 반짝거려도 그걸 알아볼 안목을 갖추지 못하면 소용없다. 그런 게 존재하는지조차 모를 때와 별반 다르지 않다. 땅의 가치를 알기 전과 후의 내 모습이 그랬다.

제주를 공략하라

당시 제주에는 스피드뱅크 가맹점이 없었다. 전국 웬만한 데는 스피드뱅크 깃발이 꽂혀 있는데 제주에는 단 한 개도 없어서 한번은 회사가 큰 결심을 했다.

150여 명이 되는 전 직원을 데리고 제주로 워크숍을 간 것이다. '제주 지역 부동산 중개업소는 스피드뱅크가 다 휩쓸어 보자'라는 취지였다. 회사의 취지가 어떻든 직원들은 회삿돈으로 제주에 간다는 사실에 기분이 좋아 다들 희희낙락했다.

"150명이면 돈이 꽤 들 텐데."

"우리 회사 잘나가잖아. 이런 건 껌값이겠지."

"회사가 바보냐? 이 비용을 뽑을 만하다고 판단했으니까 데려가는 거지."

"맞아. 150명이면 대부대지. 아직 아무도 손대지 않은 땅인데 일제히 공략하면 엄청날 거야."

저마다 놀 궁리를 하는 것과 동시에 공격적인 프로젝트에 흥미를 느끼며 다양한 의견을 얹었다. 어쨌든 전 직원이 무사히 제주에 도착한 다음 날부터 제주 전역의 부동산 중개업소 문을 두드리며 가맹 계약 권유를 시작했다.

그러나 이틀 후에 150명의 성적이라고 하기엔 너무나 처참한 결과를 맞이했다. 달랑 3개의 중개업소와 계약이 성사된 것이다. 아무도 생각하지 못한 초라한 결과였다. 직원들은 서로 경험을 나누며 허탈하게 웃고 말았지만 회사는 얼마나 황당했을까.

2000년대 초중반의 제주는 텃세가 심했고 직거래가 알음알음 이뤄지는 작은 복덕방 수준의 중개업소가 많았다. 나이 지긋한 사장님들은 우리가 매물을 주는 건데 왜 돈을 내야 하냐는 식이었다.

또 지금까지도 컴퓨터 없이 잘해왔다며 심드렁한 반응을 보이는 사람이 대부분이었다. 온라인에 매물을 올리고 거래도 할 수 있다는 개념 자체를 이해하지 못하는 사람도 있었다.

우리는 패기 있게 도전했지만, 제주의 상황을 몰라도 너무 몰랐다. 그래서 한동안 회사에서 '제주'는 금기어나 다름없었다.

지금 생각하면 해프닝 같은 이 일화는 내게도 영향을 미쳐서 오랫동안 제주에 대한 편견을 가지고 있었다. 제주는 그냥 놀러나 가는 곳이라 생각하고 관심을 두지 않았다. 하지만 가끔 조금만 더 빨리 편견을 깨고 제주에 관심을 가졌더라면 어땠을까 생각한다.

제주는 2010년 이전까지 전출 인구가 더 많았으나, 2010년에 시작된 제주살이 열풍으로 2014년부터 2017년까지 4년간 매년 1만 명을 웃도는 인구가 유입되었다. 인구 유입은 필연적으로 부동산 가격을 상승시킨다.

제주 땅값 역시 폭등했다. 나는 2014년에 제주에 첫 투자를 시작해서 좋은 결과를 봤지만 2010년 이전에 투자했더라면 저렴한 가격에 좋은 매물을 사서 훨씬 큰 이익을 봤을 것이다.

지금은 제주살이 열풍이 가라앉았지만, 제주는 아름다운 자연환경 덕분에 여행지로서의 매력을 잃은 적이 없다. 비싼 곳은 여전히 비싸지만 공략해 볼 만한 땅도 여전히 많다.

망하지 않으려면 열망해야 한다

스피드뱅크에 들어간 지 얼마 안 됐을 때 아버지가 물으셨다.

"은규야. 요즘 회사 생활은 어떠냐?"
"네, 뭐. 열심히 하고 있어요."

엄밀히 따지면 거짓말이라기보단 반은 맞고 반은 틀린 대답이었다. 못 할 일은 아니었지만 재밌다거나 이거다 싶은 일도 아니었다.

퇴근 후나 휴일에는 피시방에 가거나 무료하게 시간을 흘려보냈다. 앞으로 어떻게 살아야겠다는 생각이나 비전이 아예 없었다는 게 맞는 말일 것 같다.

아마 아버지는 어디로 갈지 몰라 돛도 올리지 않고 노를 저을 생각도 없이 망망대해에서 파도가 치는 대로 흘러가는 아들의 모습을 보신 것 같았다.

"그래? 그럼 이런 건 어떠냐? 심심할 때 한번 읽어 보라고."

아버지가 책을 한 권 주셨다. 저자는 20대 초반에 토지 투자에 눈을 떠서 30대에 이미 100억대의 부자가 된 사람이었다. 책은 그가 어떻게 그토록 젊은 나이에 성공했는지 얘기하고 있었다.

핵심 메시지는 한 줄로 요약 가능할 만큼 명확했다. '한 살이라도 젊을 때 토지 투자를 시작해서 부자가 되라'는 것이었다.

책을 읽는 내내 머리를 얻어맞는 것 같았다. 20대 초반부터 땅을 사기 시작한 사람이 있다고? 내가 매일 보는 게 땅인데 20대 초반에 토지 투자에 관심을 가졌다고? 어린 나이에 무슨 돈으로 땅을 사? 원래부터 돈이 좀 있는 집 아들인가? 그게 아니면 어떻게 이런 일이 가능하지? 내 나이에는 이미 부자가 된 거잖아? 말이 돼?

꼬리에 꼬리를 무는 질문에 대한 답을 찾기 위해 책을 읽고 또 읽었지만 좀처럼 믿기 힘든 이야기였다. 하지만 현재 내 형편만 생각하며 세상에 이런 사람이 어딨냐고 안 믿을 방도도 없었다.

원래는 어떤 책을 읽을 때 좋다고 느껴도 책을 덮고 나면 금방 잊고 다른 일을 했다. 그러나 그 책은 달랐다. 책을 덮은 후에도, 잠자리에 누워서도, 일을 하면서도 책이 머릿속에서 떠나지 않았다.

그 책이 사막 한가운데서 목말라하는 내 앞에서 물통을 들고 흔드는 것 같았다. 저자가 이뤄낸 엄청난 일들이 현재 내가 하는 일, 내 직업과 아주 가까운 분야에서 해낸 것이라는 점이 서서히 내 가습을 뛰게 만들었다.

그동안 나는 손바닥만 한 땅이라도 살 생각은 하지도 않은 채, 돈 있는 사람들이나 땅에 투자하는 거라는 편견을 가지고 있었다. 하지만 스피드뱅크에 입사하고 이 책을 읽자, 처음으로 '부자'라는 단어가 손에 잡힐 듯한 실체로 다가왔다.

저자는 토지 투자를 하면 자신처럼 젊은 나이에 부를 일구는 게 가능하다고 했다. 고만고만한 월급으로 연명하는 삶에서 벗어나 경제적 자유를 얻은 부자가 되고 싶다는 열망이 가슴에서부터 끓어오르기 시작했다.

이대로 있을 게 아니라 이 저자를 만나야겠다고 생각했다. 얼굴을 봐야겠다, 말은 어떻게 할까, 책에 쓴 이야기 말고도 많은 이야기가 있겠지, 이야기를 더 듣고 싶다, 나도 똑같이 행동하면 그 사람처럼 될 수 있지 않을까? 내 안에서 쏟아지는 질문을 안고 저자가 강연을 한다는 곳으로 찾아갔다.

책을 읽고 감명을 받은 독자는 나 하나가 아니었다. 저자의 이야기를 더 듣겠다고 찾아온 많은 사람이 그의 말에 귀를 기울였다. 저자는 자신감이 넘쳤고, 강연에서 디테일한 경험담과 부자가 된 노하우를 많이 들을 수 있었다.

물어보고 싶은 게 있으면 얼마든지 물어보라고 했을 때는 기회를 놓치지 않고 질문을 던졌다. 그동안 호기심도 많지 않고 특별히 알고 싶은 것도 없으며 질문도 하지 않는 수동적인 인간이었던 내가 능동적인 태도로 나왔다.

아침에 눈을 뜨면 설렜다. 생계를 위해 어쩔 수 없이 하는 직장생활 외에 자아실현을 하고 싶다는 욕구가 있었던 모양이다. 사실 나는 아무것도 안 하고 가만히 있는 게 힘들기 때문에 내 삶을 변화시킬 수 있는 게 가까이 있다고 생각하니 기분이 정말 좋았다.

꿈꿀 수 있고 미래를 그릴 수 있게 되니 심신에 놀랍도록 활발한 에너지가 생겼다. 잘살고 싶다는 생각이 막 솟아올랐다. 물론 잘살고 싶지 않은 사람은 없겠지만 그런 욕구가 구체적이고 맹렬해진 건 처음이었다.

그때 내게 부족한 게 무엇인지 깨달았다. 나에겐 '망(望)'이 없었다. 희망, 열망, 욕망 같은 단어들 속에 있는 망이야말로 삶을 견인하는 중요한 태도인데 말이다. 사실 없었다기보다 발견하지 못했다는 말이 더 맞을 것 같다.

대부분은 잘살기를 희망하고 부자가 되기를 열망하며 돈이 생기면 할 수 있는 일들을 욕망한다. 무엇을 원하는 마음의 온도가 높아야 그걸 이루고자 하는 동력이 생기는데, 내 마음은 그때까지 미지근하기만 할 뿐 뜨거웠던 적이 없었던 것 같다.

크게 뭘 바라지 않거나 지레 포기하거나 기대치를 낮춘 탓도 있었는데 이제 내 안에 열망이 생겼다. 억제되어 드러나지 않았지만 여태 내 안에 잠들어 있던 것들이 비로소 수면 위로 올라오기 시작했다.

1천만 원이 100억 되는 땅에 투자하라

땅에 시간을 묻다

나는 가끔 땅에 투자하지 않았다면 시간이 얼마나 큰 재산인지 체감하지 못했을 수도 있겠다고 생각한다.

땅에 투자하는 것은 땅에 시간을 묻는 것이기도 하다. 수익이 생길 때까지 짧게는 몇 개월에서 길게는 수년이 걸릴 수도 있는 토지 투자는 시간이 많은 사람이 여러모로 유리하다.

멀리 보는 일이 가능해지고 실패나 실수를 만회할 여유가 생긴다. 정신력도 결국 체력에서 오기 때문에 한 살이라도 젊을 때 시작해야 한다는 말을 더욱 강조하고 싶다.

나는 20년이 다 되도록 땅에 투자하면서 뚜렷한 변화를 실감하고 있다. 과거에는 '토지 투자'라고 하면 모아둔 돈이 있는 중장년층이나 소위 복부인이라고 불리는 부자들이 했다.

하지만 지금은 30~40대 직장인은 물론이고 20대 대학생도 땅에 투자하는 시대다. 땅에 대한 인식이 바뀌면서 투자자의 연령층이 넓어지고 있는 걸 느낀다.

물론 사람마다 투자에 눈을 뜨는 시기도 다르고, 언제부터 투자하는 게 가장 좋은지도 다르다. 몇 살에 시작하는 게 적당하다거나 몇 살은 아직 투자하기 이른 때라고 말하기 어렵다.

언제 눈을 떴는가보다 더 중요한 건 '시작했는가', '계속하는가'이다. 자기도 모르게 낭비하는 시간을 줄이고 행동하는 시간을 앞당기면 40대에 시작한 사람도 30대 초반에 시작한 사람을 부러워하지 않아도 된다.

내가 토지 투자로 부자가 되겠다는 마음을 먹고 난 뒤의 일이다. 저녁 식사 후 아버지에게 대화를 청했다.

"아버지, 드릴 말씀이 있어요."

"뭔데?"

"사실 이건 아버지가 저에게 불씨를 주셔서 생긴 일인데 지금 불쏘시개가 필요해요."

"무슨 말인지 알아듣게 말해라."

"돈 좀 빌려 주세요."

"빌려 달라는 건 갚겠다는 말이냐?"

"예. 그런데 언제 갚겠다고 약속드리긴 어렵고 이자도 못 드려요. 하지만 늦더라도 꼭 갚을게요."

나는 아버지가 주신 책을 잘 읽었고, 그 책 덕분에 요즘 뭘 하고 지내는지, 앞으로 무엇을 할지 말씀드렸다. 아버지는 잠자코 내 계획을 들으시더니 거두절미를 하고 짧게 답하셨다.

"알았다. 오늘은 가서 쉬어라."

땅은 1억 이상의 큰돈으로만 살 수 있을 줄 알았는데 소액으로도 땅을 살 수 있다는 말이 반갑고 기뻤다. 아버지가 주신 책의 저자로부터 배운 것과 내가 지금까지 공부한 것을 토대로 내 생애 처음으로 땅을 사기로 했다.

복권을 사지 않고 당첨되길 바랄 수 없듯이 토지답사를 아무리 많이 다니고 좋은 토지를 알아볼 안목이 있다고 해도, 토지를 직접 사 보는 경험이 훨씬 귀중하다. 토지 투자는 돈 많은 사람들이나 하는 것이라는 편견을 깨려면 스스로 증명해 보여야 했다.

나는 이전과 완전히 다른 생활을 시작했다. 퇴근 이후에는 피시방으로 가던 발걸음을 멈추고 부동산 공부를 했다. 주말에는 경매 학원에 다니며 강의를 듣고 토지답사팀에 합류해 좋은 땅을 알아보는 안목을 길렀다.

부동산 중개업소 사장님들의 얘기를 열심히 귀기울여 듣고 전문가의 강의에서 궁금한 것들을 질문하며 배워갔다. 강의도 여러 번 듣고 책도 여러 번 읽으니 공부한 내용이 머릿속에 남기 시작했다.

아쉽게 떨어진 첫 경매

"어? 분명히 여기가 맞는데. 아닌가? 땅 모양이 이렇지 않는데. 주소와 지적도는 맞아. 여기가 어디지?"

처음에는 집에서 그리 멀지 않은 곳부터 토지답사를 다녔다. 처음이라 어떻게 접근해야 할지 몰라 실수도 자주 저질렀다.

다른 사람의 눈에는 내가 정신 나간 놈처럼 보였을지도 모르겠다. 혼자 중얼거리며 왔다 갔다 할 때가 많았다. 아무리 봐도 모르겠을 땐 정지 화면처럼 꼼짝하지 않고 서서 땅만 노려볼 때도 있었다.

지금은 인터넷 지도 서비스나 내비게이션의 성능이 정말 좋아졌지만, 당시에는 이런 서비스가 미흡했기 때문에 지적도♀ 하나에 의지해서 땅을 찾으러 다녀야 했다. 땅의 모양이나 위치가 지적도랑 달라 지번 하나 찾기 위해 반나절을 헤맨 적도 적지 않았다.

특히 경매로 나온 물건은 몇 장 되지 않는 사진만으로 찾기 어려운 것들이 많았다. 애초에 사진이 실제 매물과 일치하지 않는 일도 흔하게 일어났다.

감정 평가사들조차 꼭꼭 숨은 땅을 찾지 못해서 그냥 주변 사진을 찍어 올리는 경우가 종종 있다 보니 실제 토지랑 전혀 다른 사진이 첨부되어 있기도 했다. 그럼 나처럼 중얼거리며 헤매게 된다.

그래도 즐거웠다. 내가 좋아서 하는 일이니 길을 헤매는 건 사소한 문제일 뿐 큰 어려움으로 다가오지 않았다. 매일 토지 투자 책을 읽고 전문가들을 찾아다니는 일은 마치 꿈에 그리던 가게를 차린

♀ 토지의 소재, 지번, 지목, 면적, 그리고 경계 따위를 나타내기 위해 만든 지도의 일종이다. 토지의 소유권을 법적으로 관리하는 데 활용한다.

것 같은 기분이었다.

잘해보고 싶은 마음이 생겼으며 하나하나 알아가는 일이 재미있고 좋았다. '최고의 토지 투자 전문가가 되겠다'라는 생각이 마음속에서 점점 단단해지기 시작했다.

그러던 어느 날, 며칠 동안 손품을 팔아가며 경매 사이트를 검색했더니 괜찮은 물건이 몇 개 보였다. 곧바로 현장으로 출동했으나 직접 눈으로 보니 기대와 달리 실망스러웠다. 그래도 다행히 투자할 만한 물건 하나가 눈에 들어왔다.

충남 서산시 부석면 봉락리에 있는 전(田)으로, 인근에 태안기업도시가 들어서는 땅이었다. 당시 이 지역은 태안기업도시 준공식이 열리면서 토지 투자 분위기가 한창 무르익었다. 보나마나 경쟁률이 높으리라고 예상했다.

길을 따라서 길쭉하게 생긴 토지라 나중에 써먹을 데도 많아 보였다. 더구나 시세 조사를 했더니 신규 건인데도 실제 시세보다 저평가된 상태였다. 1,000만 원도 안 되는 가격으로 나왔으니 말이다.

한 가지 단점은 '공유 지분'이라는 점이었다. 여러 명이 땅을 나눠서 소유하고 있는 공유 지분은 골치 아픈 땅으로, 대부분 피하고 싶어 하는 물건이다. 분할이 어렵고 서로 좋은 땅을 가져가기를 원하기 때문에 일이 수월하게 진행되지 않기 때문이다.

그런데 가족끼리 소유한 경우는 조금 다르다. 내가 눈여겨본 땅은 등기부등본을 보니 지분 관련자가 모두 성이 같고 돌림자를 쓰고 있었다. 공유자들이 다름 아닌 형제 관계였던 것이다.

이런 경우 대부분 합의 분할을 한다. 왜냐하면 모르는 사람이 갑자기 가족끼리 소유한 재산의 공유자로 들어온다면 불편하기 때문이다. 그래서 그쪽에서 먼저 분할을 원하는 경우가 많다.

더구나 내가 고른 이 땅은 길을 따라 길게 붙어 있기 때문에 어떻게 분할하든 모두 길에 붙은 땅을 가질 수 있으므로 분할해도 불만이 적을 것으로 판단했다.

첫 경매에서 이토록 좋은 땅에 도전하게 되어 기분이 아주 좋았다. 그래서 과감히 감정 평가액♀의 120%를 썼다. 처음 하는 경매라 글자를 잘못 쓰지는 않았을지 보고 또 봤다.

알다시피 경매에선 한 글자라도 잘못 쓰면 무효로 처리된다. 잘못 썼다며 글자 위에 줄을 찍찍 긋고 그 위에 다시 쓰는 건 안 되며, 한 글자도 빠짐없이 정확하게 써야 한다. 초보자들이 가장 많이 하는 실수가 표기를 잘못하는 것이다.

경매에 뛰어들었던 초기에는 직장에 다니느라 바빴기 때문에 경매 대리인을 통해 경매에 참여했다. 보통 사고자 하는 땅이 위치한 지역의 법무사 사무장이나 공인중개사를 미리 섭외해서 10만~20만 원 정도의 대행비를 내고 경매에 참여할 것을 부탁한다.

♀ 동산, 부동산, 기타 재산을 감정 평가사가 부동산의 가치와 특징을 감정하여 금액으로 표시한 것이다.

1천만 원이 100억 되는 땅에 투자하라

경매 참여를 위임받은 경매 대리인은 입찰 지원서를 작성한 후 서류를 봉투에 넣어 법원에 제출한다. 낙찰될 경우 내 이름으로 소유권 이전까지 대행하기 때문에 경매에 직접 참여하기 어려운 직장인들도 일을 수월하게 처리할 수 있다.

그런데 간혹 경매 대리인이 실수하는 경우가 있다. 0을 하나 더 쓰거나 덜 쓰는 사태가 생기는 것이다. 내 경우는 경매 대리인이 술을 한 잔 마셨다가 이런 실수를 저질렀다.

그다음부터는 같은 실수를 방지하기 위해 경매 대리인에게 입찰 지원서를 미리 갖다 달라고 부탁한다. 그리고 경매일 이전에 경매 대리인을 만나 입찰 지원서를 작성한 후, 봉투에 넣어 봉하고 건네준다. 그러면 경매 대리인이 경매일에 법원에 제출하고 결과를 보는 방식으로 진행하기만 하면 된다.

입찰 지원서를 쓰는 법원의 분위기는 조용하고 엄숙하며 사뭇 비장하기까지 하다. 종종 형사 재판을 받으려고 호송 차량에서 내리는 피고인들과 마주치는 일도 있다. 평범한 사람들은 이들과 가까운 곳에서 같은 공기를 호흡하는 일 자체로 괜한 위압감을 느낀다.

사실 보통 사람은 살면서 법원에 갈 일이 흔하지 않다. 나도 경매에 참여하는 게 아니었으면 지금까지 법원에 갈 일이 얼마나 있었을까 싶다. 그래서 처음 참가해 보는 경매는 더욱 떨렸다.

한참 기다린 끝에 집행관이 내가 입찰한 물건에 참여한 사람들을 호명하기 시작했다. 입찰자가 나 말고도 무려 7명이나 있었다. 경쟁률이 8대 1이란 의미다. 역시 내가 좋다고 생각하는 땅은 남이 보기에도 좋은 땅이었나 보다.

그래도 나름대로 금액을 높게 썼기 때문에 자신 있었다. 집행관이 가장 낮은 금액을 쓴 사람부터 이름을 부르기 시작했다. 맨 마지막에 불리는 사람이 가장 높은 금액을 쓴 사람, 즉 꼴찌로 이름을 불리는 사람이 낙찰자다.

이름을 부를 때마다 심장이 두근거렸다. 속으로는 계속 이런 주문을 외웠다. '제발 나중에, 나중에, 꼴찌로, 꼴찌로! 꼴찌가 1등이야. 먼저 이름이 불리면 안 돼!'

아! 그런데 집행관이 일곱 번째에서 내 이름을 부르는 게 아닌가! 내 생애 첫 경매는 결국 50만 원 차이로 차순위로 밀려났다. 너무 아쉬운 나머지 한동안 법원을 떠나지 못하고 멍하니 있었다.

혹시나 해서 차순위 매수 청구권°도 신청했다. 가끔 낙찰자가 매수를 포기하면 차순위자에게도 낙찰받을 수 있는 기회가 온다. 경매에서 낙찰받지 못하는 건 흔한 일인데도 첫 경매라 그런지 오래도록 아쉬웠다. 하지만 어떤 것이든 처음 하는 경험은 소중하다.

아무리 경매 공부를 많이 한다고 해도 실제 경험 한 번이 더 많은 가르침을 줄 수 있다. 그러니 경매를 어렵다고만 생각하지 말자.

° 부동산 소유자에게 매수를 청구할 수 있는 권리를 뜻하며, 차순위 매수 청구권은 제일 우선적으로 권리가 있는 사람 다음으로 매수를 청구할 수 있는 권리를 뜻한다.

1천만 원이 100억 되는 땅에 투자하라

내 생애 첫 번째 땅

첫 투자를 결심했을 때는 모은 돈이 많지 않았다. 그 당시 내게는 3,000만 원이 있었고, 아버지께 빌린 돈을 더해도 적은 금액이었다. 그래서 투자를 시작한 곳은 고향인 서산 인근 지역이었다.

서산 인근에는 당진도 있고 홍성, 보령, 서천 등이 있어서 이 지역들을 꾸준히 살피면서 투자했다. 내가 영업을 담당하는 지역이 당진과 가까운 평택을 포함하고 있었으니 토지답사에 유리하기도 했다.

지금도 그 지역이 그렇게 비싼 건 아니지만 20여 년 전에는 훨씬 저렴했다. 일반 매물도 1,000만 원에서 2,000만 원 정도에 살 수 있는 아주 좋은 환경이었다. 물론 지금은 경매로 나온 땅이라면 모를까, 일반 매물은 그 가격으로 찾아보기 힘들다.

아무튼 경매에 나온 보령의 땅을 보러 가는 김에 평소 안면이 있는 부동산 사장님에게 오랜만에 얼굴도장을 찍으러 찾아갔다.

"사장님! 바쁘세요? 심심하시면 저랑 드라이브 가시는 거 어때요?"

"어딜 데려가려구?"

"땅 보러요. 사장님이 좀 봐 주세요."

"땅 사게? 그러지 말고 우리 매물이나 봐! 우리 매물 아니면 안 갈겨!"

"아우, 아시잖아요. 저는 지금 돈이 없어서 경매밖에 못 해요. 저도 돈 좀 벌고 나서 사장님에게 좋은 매물이 있으면 살게요."

"말만 그러는 거 아니고 증말이지? 내가 함 볼겨. 그래서 거기가 워딘데?"

그런데 세상에 이게 뭔가. 직접 가서 보고 망연자실했다. 경매 정보지엔 한 글자도 없던 기찻길이 땅 옆을 지나가고 있었기 때문이다.

"아니, 이게 웬 기찻길이야? 없던 기찻길이 갑자기 어디서 나타났어? 경매 정보지가 순 엉터리네. 왜 기찻길이 있다는 중요한 정보가 없었지?"
"여기 장항선 연장선이 지나가잖아. 감정 평가를 언제 했는지 모르지만, 그때 공사를 시작하지 않았으면 그런 내용이 없을 수도 있지. 그래도 직접 보러 왔으니 다행이네. 맘에 안 들면 안 사믄 되지. 땅은 많어."

실망한 나를 본 사장님이 옆에서 거들어 주시는데도 포기하기 쉽지 않았다. 새로운 땅을 보러 간다는 설레는 마음으로 보령까지 차를 몰고 왔는데 헛수고였다니. 갑자기 피곤이 몰려왔다.

매물 주변으로 관창산업단지가 조성되고 있었으며, 바로 여기에 장항선 연장선이 생기고 있었다. 관창산업단지와 장항선은 분명 호재로 작용했으나 매물 바로 앞에 역이 생기는 게 아니라 그냥 지나가는 길이라서 별 볼 일 없었다. 여기에 입찰하겠다고 마음을 정하고 보러 간 건데 이런 복병이 있을 줄이야. 땅은 좋은데 기찻길 때문에 너무 고민됐다.

그래서 거꾸로 생각해 봤다. 만약 내가 이 땅을 팔고 싶은 지주라면 기찻길이 난 땅을 어떻게 홍보할 수 있을까 고민했다. 대부분 철로 옆은 싫어한다. 역세권도 아닌 데다가 시끄럽고 먼지도 많아서 집을 짓기 꺼려지기 때문이다.

근데 땅이 조그만 현황도로에 붙어 있었다. 현황도로는 사실상 길로 사용되지만 관계 법령에 따라 고시되지 않은 도로를 말한다. 새로운 도로가 뚫리는 건 분명 좋은 일이라 거주 용도로는 가치가 떨어지지만, 창고 용지로 활용할 수 있겠다는 생각이 들었다.

산업단지 인근에 투자하는 건 내가 지금까지도 꼭 지키는 원칙이다. 당진의 송무국가산업단지, 군산 새만금의 분장산업단지, 부안 새만금의 명품복합단지 등 거대한 산업단지 주변에 투자한다는 원칙을 첫 투자 때부터 지금까지 굳건하게 지키고 있다.

관창산업단지 인근 지역은 내가 투자할 때만 해도 관리지역 세분화가 안 되어 있어서 지역 자체가 계획관리지역으로 편입될 가능성이 보였다. 그러자 땅을 매입하자는 생각이 들었다.

당시 토지 투자는 계획관리지역♀ 세분화가 될 만한 곳을 찾는 게 트렌드였다. 나 역시 아직 관리지역으로 지정되지 않았지만 앞으로 편입될 가능성이 있는 지역을 찾아다니고 있었다.

객관적으로 판단할 수 있는 이점을 차치하더라도 개인적인 느낌이

♀ 도시로 편입이 예상되는 지역이나 자연환경을 고려하여 제한적으로 이용하거나 개발을 하려는 지역이다.

좋았다. 그래서 이 땅을 꼭 내 것으로 만들고 싶다고 마음먹었다. 왜 인지 모르겠지만 이 땅에 있으면 신기하게 마음이 편안해졌다.

약간 경사져서 정면의 전망이 탁 트인 점이 좋았고, 동네 사람들이 친절한 점도 좋았다. 거기다 다른 사람들도 나처럼 기찻길을 난감하게 여긴다면 경쟁자가 별로 없을 것 같았다. 분석이 끝나자 설레는 마음으로 입찰일을 기다릴 수 있었다.

며칠 뒤에 오전 일찍부터 홍성지원으로 향했다. 첫 경매에 참여했다가 떨어진 아쉬움이 커서 이번엔 신중히 입찰 금액을 상향 조정했다. 최저 입찰가는 1,200만 원인데 나는 1,500만 원을 썼다.

처음에는 1,400만 원으로 쓸까 하는 생각이 들었지만, 무슨 일이 있어도 낙찰받고 싶어서 눈을 질끈 감고 과감히 썼다. 제일 높게 썼을 거라는 확신이 들었기 때문에 첫 입찰 때보다는 덜 긴장됐지만, 4명의 경쟁자가 있어서 놀랐다.

그러나 내 예상대로 5대 1의 경쟁률을 뚫고 낙찰에 성공했다. 차순위와 100만 원 차이도 안 났다. 만약 내가 조금이라도 아끼겠답시고 입찰가를 낮췄다면 이번에도 아깝게 떨어졌을 것이다.

앞서 얘기했던 것처럼 경매는 가장 높은 금액을 쓴 사람이 제일 나중에 호명된다. 마지막으로 내 이름이 호명되자 순간 가슴이 터질 것 같고, 세상을 다 가진 기분이 들었다. 20년이 지난 지금도 그날의 기쁨을 잊을 수 없다.

땅은 내 예상대로 계획관리지역으로 편입되었고, 3년 후 창고 부지가 필요하다는 사람에게 투자 금액의 두 배인 3,000만 원에 팔았다. 기찻길 옆 작은 땅은 사람들이 별로 관심을 두지 않지만 분석만 제대로 하면 반드시 그에 맞는 임자가 나타나기 마련이다.

20년 동안의 토지 투자로 알게 된 사실은 '세상에 쓸모없는 땅은 없다'라는 것이다. 당장은 못생기고 별 볼 일 없을 것 같은 땅이라도 섣불리 가치를 판단하지 말고 어떤 용도로 활용할 수 있을지 생각하는 게 먼저라는 것을 나는 첫 번째 땅에서 배웠다.

경매에 발 담그다

사람이 목표를 하나라도 이뤘을 때의 기분이라는 게 참 무섭다. 지방에 있는 작은 땅 하나의 소유권을 내 이름으로 등기했을 뿐인데 자려고 누웠다가도 웃음이 나왔다.

이렇게 하면 되는구나, 생각보다 아무것도 아니구나, 괜히 겁을 먹었어, 월급쟁이라도 땅을 살 수 있어, 이런 자신감은 경매에 성공하면서 더 견고해지기 시작했다.

토지 투자 공부를 시작했거나 토지 투자를 제법 하셨던 분들을 만나면 내 첫 투자를 궁금해하는 경우가 많다. 아무래도 유복한 환경이 뒷받침되었을 거라는 인식이 깔린 듯한 질문이 많았다. 때로는 내가 어디 대기업에 다닌 줄 아는 분들도 있었다.

"얼굴만 보면 고생 안 하고 크신 것 같은데 어떻게 그렇게 젊은 나이에 토지 투자를 시작하셨어요?"

"뭔가 든든한 배경이라도 있으신 거 아닐까 생각했어요."

"대기업 다니셨나 봐요."

유복한 가정도, 대기업도 전부 나와는 거리가 멀지만 사실 땅에 투자하는 일이란 게 보통 사람에게는 평생에 한 번 있을까 말까 한 일이다. 그래서 자주 땅을 보러 다니고 땅을 사 모으는 일이 사람들의 눈에는 대단하게 보였을 것이다.

40대 중반에 접어들어 서서히 재테크에 눈을 뜨는 사람이라면 20대라는 젊은 나이에 토지 투자를 시작한 내가 신기하기도 하고 부럽기도 했을 것 같다. 그래서 나는 그분들에게 지금이라도 시작하시면 된다고 격려했다.

물론 몇천만 원이 적은 돈은 아니다. 하지만 부동산 투자를 하겠다는 사람의 '총알'로서는 소액이다. 거기다가 요즘 직장인 월급으로 3,000만~4,000만 원을 모으려면 3년이란 시간도 부족하다. 자기 소유의 주택에서 살고 있는 게 아닌 이상 쉽지 않다.

그러나 자산을 불리기 위해서는 반드시 종잣돈이 있어야 한다. 돈이 돈을 부르는 자본주의의 구조 안으로 들어가려면 종잣돈을 모으는 수고는 꼭 필요하다.

나는 투자 초기부터 지금까지 분산 투자를 선호하고 이를 중요한 원칙으로 삼아서 지킨다. 처음에 4,000만 원을 손에 쥐고 약간의 대출을 받아서 시작했지만, 그 돈으로 땅 하나를 산 게 아니다.

나는 아무리 탐나는 땅이 있어도, 투자 이익으로 큰돈이 손에 들어와도 하나의 땅에 집착하지 않는다. 욕심부리지 않고 분산 투자 원칙을 지킨 게 지금의 나를 만든 가장 중요한 행동이라고 생각한다.

첫 투자 당시 나는 1,000만 원대 땅을 여러 개 샀다. 이건 경매로 구매했기 때문에 가능했다. 경매를 통해 부동산을 사는 사람에게는 대출이 80~90%까지 나온다. 그 뒤에는 일반 매물도 많이 샀지만 초기에는 돈이 없었기 때문에 경락잔금대출♥ 덕을 크게 봤다.

1,000만 원짜리 땅이라도 내 돈 200만 원만 있으면 경매에 입찰할 수 있다. 그래서 1,000만 원을 가지고 1,000만 원짜리 땅을 여러 개 살 수 있었다. 초기 투자는 이자가 부담스럽지 않은 선에서 경·공매를 노리고 경락잔금대출을 이용하는 것이 가장 좋다.

그때 나는 직장인이라 신용이 좋았기 때문에 대출이 90%까지 나왔다. 당시 우리 회사 영업 사원의 월급은 300만 원 안팎이었다. 나도 평균만큼은 받았지만 이제 그 정도에 만족할 수 없었다.

자본이 없는 내가 땅을 사려면 이전보다 일을 열심히 해서 실적을 올리고 월급 액수를 높여야 했다. 그때 처음으로 일한 만큼 벌

♥ 경매를 통해 부동산을 낙찰받았을 때, 입찰금을 제외한 나머지 금액을 금융 기관으로부터 빌리는 것을 말한다.

수 있는 영업직이라는 점에 감사했다.

자본금을 모으겠다는 일념으로 열심히 일하다 보니 월 매출 순위 톱을 찍어서 월급으로 500만~600만 원을 받기도 했다. '어, 내가 이렇게 잘할 수 있었어?'라며 우쭐했지만, 사실 재능이 있던 게 아니라 삶의 목표가 생기니 일하는 마음가짐과 태도가 달라진 것이었다. 그냥저냥 일하면 안 된다는 생각이 들었다.

말도 잘 못하고 남을 설득하는 재주 같은 건 더더욱 없던 나는 부동산 중개업소의 문을 두드리기 전부터 많은 준비를 했고 마음을 담아 사람을 만났다. 더 열심히 일하며 돈을 모으고, 업계에서 오가는 이야기에 귀 기울이며 내 정보력과 안목을 높였다.

움켜쥔 손가락 사이에서 모래알이 빠져나가듯 별로 고민하지 않고 소액 결제를 했던 소비 습관도 버렸다. 꼭 필요하지 않은 소비는 줄였고, 고정 지출과 최소 생활비만 써서 월급이 상대적으로 적은 달에도 200만 원 이상을 저축했다.

좋은 땅은 언제든 경매로 나올 수 있다. 하지만 다른 사람들 눈에도 좋아 보이는 만큼 내게 기회가 돌아올 거라고 장담할 수 없고 수요와 공급의 법칙에 따라 가격이 올라가기도 한다. 그래서 내게 좋은 땅이란 내가 살 수 있는 가격의 땅이기도 했다.

한창 땅에 미쳤을 땐 서울과 지방을 오가는 비용이 아까워 1박 2일, 2박 3일로 돌아다녔는데 찜질방에서 자는 건 그나마 나은 편이고 내 발이 되어 준 경차에서 잠들기도 했다. 쓰지 않고 모으고, 일도 열심히 하고, 자체 제작한 영어 CD도 판매하면서 대출금을 갚고 자금을 충당했다.

흔히 토지 투자는 큰돈이 들어가는 일이라고 생각한다. 적어도 1억 원 이상은 있어야 땅을 살 수 있는 게 아닌가 하고 말이다. 물론 틀린 말은 아니다. 좋은 땅은 다른 사람들도 원하는 땅이니까 값이 비싸지는 데다가 투자금이 크면 원하는 지역에서 좋은 땅만 골라가며 매입할 수 있기 때문이다.

그러나 큰돈이 없다고 해서 마음에 드는 땅을 살 수 없는 것은 아니다. 단돈 1,000만 원만 있어도 땅을 살 수 있다. 아직도 전국에는 3.3m^2당 1만~2만 원에 살 수 있는 땅이 적지 않다.

외근직의 어떤 하루

요즘은 어떨지 모르겠지만, 예전에 영업직은 사무실로 복귀하지 않고 현장에서 바로 퇴근하는 일이 흔했다. 퇴근 무렵에 전화로 보고만 하면 퇴근으로 처리하는 형식이었다.

출근 도장만 찍고 피시방이나 당구장에 가서 종일 농땡이 치다가 그대로 퇴근하는 일도 많았지만, 회사는 그걸 다 알기 어려웠다. 내심 알고 있더라도 물증이 없어서 어쩔 수 없다. 나는 이런 면이 영업 사원이 숨 쉴 구멍이라면서 합리화했던 것 같다.

내게 영업 사원으로서의 근무 태만이 있다면 사적으로 땅을 보러 다닌 일이다. 사실 그러면 안 된다. 엄밀히 말하면 자기 업무에 집중하지 않고 사적인 이익을 취하는 데 직장을 이용하는 것과 다름없는 짓이니 말이다.

그래도 일을 할 땐 열심히 하고 영업 성과도 좋으니 괜찮다며 스스로 합리화하고 멈추지 않다가 입사하고 3년이 가까워질 무렵에 결국 사달이 나고 말았다.

그날도 외근하러 나왔다가 슬쩍 땡땡이를 치고 땅을 보러 갔다. 그때 우리 회사는 퇴근하기 전에 꼭 자기 담당 지역의 부동산 중개업소에 가서 유선 전화로 퇴근 보고를 해야 하는 시스템이었다.

나는 서울과 경기를 담당했기 때문에 서울 지역 번호인 02나 경기 지역 번호인 031이 앞에 뜨는 유선 전화로 퇴근 보고를 해야 했다. 이건 회사의 규칙이자 근태 관리였다.

그날 내가 가야 하는 지역은 평택이었다. 평택은 경기도라서 퇴근 보고를 위해 전화를 하면 회사에서 받는 전화기에 031로 시작하는 전화번호가 떠야 한다. 그러나 나는 평택을 지나고 서해대교를 건너서 당진의 땅을 보고 있었다.

회사에 전화를 거는 건 오후 6시가 마감이었는데 그 시간까지 평택으로 돌아가기에는 시간이 간당간당했다. 사적인 일을 보다가 시간을 엄수해야 하는 보고를 못 할 위기에 처하게 된 것이다.

결국 나는 서해대교 중간의 행담도에서 전화를 걸었다. 이 정도면 경기권이라고 확신했고 문제 될 게 없으리라 생각해서 공중전화를 썼다. 회사 전화에 031이 뜨리란 것에 아무 의심도 없었다.

　"오늘 평택 지역 돌아보고 이곳에서 퇴근하겠습니다. 자세한 건 내일 출근해서 말씀드리겠습니다."
　"어? 뭐야. 전은규 씨 지금 어디예요?"

　그러라는 대답만 들으면 곧바로 수화기를 놓을 참이었는데 갑자기 상사의 목소리가 낮고 엄중하게 울려왔다. 그때까지도 나는 사태 파악을 못 하고 시원스레 대답했다.

　"평택입니다."
　"평택 맞아요? 근데 왜 지역번호가 041이예요?"

　나는 말문이 막혔다. 딱 걸린 것이다. 알고 보니 행담도는 경기권이 아니었다. 몇백 미터 차이로 충청권이기 때문에 회사 전화에는 지역 번호가 041로 뜬 것이다.
　그 일을 계기로 나는 스피드뱅크에서 해고당했다. 지금이야 오래전 일이라며 웃으면서 이야기할 수 있지만 당시에는 해고당한 참담함을 말로 표현할 길이 없었다.
　회사에 폐를 끼친 건 물론이고 내 스스로를 부끄럽게 만들었던 흑역사다. 업무에 태만한 채 거짓말까지 한 일이 바로 해고로 이어진 충격은 오래도록 가슴에 남았다.

지금은 사라진 회사지만 사실 스피드뱅크에는 마음의 빚이 있다. 내가 땅꾼으로 거듭나게 된 건 분명 이 회사 덕분이기 때문이다. 부족하고 미성숙한 청년을 채용해 준 고마운 회사였다.

회사로서는 마음이 콩밭에 가 있는 직원을 해고하는 게 최선이었을 거다. 함께 일했던 상사나 동료들에게도 좋지 못한 모습으로 퇴사하게 되어 부끄럽고 죄송했다.

스피드뱅크에서 입사 3년을 넘기지 못하고 나왔지만, 더 이상 직장에 다닌다는 선택은 할 수 없었다. 그보다는 전업 투자자가 되어 도전적으로 생각하고 행동하는 길에 마음이 끌렸다.

부동산 영업직이니까 평일에도 시간을 낼 수 있었지, 다른 회사에 들어간다면 땅을 볼 시간을 내기는 어려울 게 불 보듯 뻔했다. 그동안 많이 배우면서 토지 투자에 대한 자신감이 생긴 것도 전업 투자자가 되겠다는 결정에 한몫했다.

만일 이때 스피드뱅크에서 해고당하지 않았더라도 언젠가는 전업 투자자가 됐을 것이다. 그러나 그건 언제가 될지 모르는 일이니, 결과적으로 이 사건이 전업 투자자의 길을 택한 데 많은 영향을 준 건 맞다.

그리고 무엇보다 토지 투자가 재미있고 마음을 설레게 만들었다. 지금도 어디서 좋은 땅이 나왔다는 연락을 받으면 예전과 변함없이 기대감으로 가슴이 뛰며 빨리 보러 가고 싶어진다.

이런 게 천직이라면 나는 천직을 제대로 만난 것이다. 덕분에 직장에서 잘린 충격을 설렘으로 씻을 수 있었다. 전화위복이라는 말도 있지만 나쁜 것이 꼭 나쁜 것만은 아니다.

Chapter 1.

한 권의 책으로 토지 투자에 뛰어든 월급쟁이

Chapter 2.

3,000만 원뿐인
직장인이
투자 고수가 된 비결

토지 투자에 뛰어들다

내가 2005년에 사 모았던 땅은 3~4년이 지난 후부터 결실을 가져오기 시작했다. 초기엔 있는 돈 없는 돈 박박 긁어서 투자하고 다시 목돈을 모으느라 정신없이 살았는데 하나씩 수익이 생기기 시작하면서 자신감이 생기고 투자 사이클이 잡히기 시작했다.

스피드뱅크에서 해고당하고 전업 투자자의 길을 걷겠다고 결심한 것도 이런 변화가 있었기 때문이다. 그렇게 되기까지, 아니 그 후로도 나는 한참 경매와 공매를 통해 땅을 찾고 매입했다.

경매는 민사집행법에 따른 압류 물건이 나오는 것인데, 쉽게 말하면 대출을 갚지 못해서 나온 물건을 매입하는 것이다. 공매는 기업체의 비업무용 부동산이라든가 국세나 지방세를 내지 않아서 나온 압류 물건이 많다. 공매가 경매에 비해 경쟁자가 적고 저렴하지만 매물 자체가 적고 쉽게 나오지도 않는다는 단점이 있다.

경매의 장점은 크게 두 가지다. 첫 번째는 '감정 평가액'이라고 부르는 '감정가'가 있다. 보통 토지가 경매로 나오면 감정 평가사가 토지의 가치를 현금으로 환산하면 얼마인지 감정한다. 대개 경매가 개시되기 4~6개월 전에 감정가를 책정한다.

생각보다 오래 걸린다고 생각할 수 있지만 좋은 점도 있다. 지가가 하루가 다르게 오르는 지역이라면 적어도 4개월 전의 시세가 반영된 것이기 때문에 실제보다 감정가가 훨씬 낮다.

두 번째 장점은 경매에서 낙찰받으면 물건을 담보로 경락잔금대출을 받을 수 있다는 것이다. 경락잔금대출은 입찰할 때 제출한 입찰보증금을 제외하고 남은 잔금을 대출해 주는 것인데, 보통 금융권에 따라 감정가의 70%, 낙찰가의 80~90% 정도를 대출받을 수 있다. 나는 이 경락잔금대출을 잘 활용해서 토지를 매입했다.

초기에는 돈이 없었기 때문에 일반 투자는 엄두도 못 냈다. 그렇다고 해서 얇은 지갑을 가지고 경매가를 높게 쓸 수도 없었다. 길도 있고 건축도 되는 정상적인 땅은 비싸니까 사고 싶어도 욕심낼 처지가 아니었다. 그래서 남들은 쳐다보지 않는 하자 있는 땅에 집중할 수밖에 없었다.

돈이 없으니 머리라도 아파야지

하자 있는 땅이란 묘지가 있는 땅, 진입로가 없는 땅, 여러 명이 공동으로 소유하는 땅, 건물이 있는 땅, 축사나 철탑처럼 환영받지 못하는 시설이 있는 땅을 말한다. 일명 분묘기지권, 법정지상권, 공유 지분, 유치권 같은 법률 용어로 표현되는 특수 물건이다.

이런 특수 물건은 일반인이 선뜻 도전하지 않아 유찰◉될 때가 많고 경쟁률도 낮다. 초보 투자자라면 특수 물건을 낙찰받는 일은 되도록 피하고, 소유 관계가 명확한 물건을 고르는 게 좋다.

반면에 나는 투자 초기 4~5년 동안 이 다섯 가지 중 하나의 문제를 가진 땅만 샀다고 해도 과언이 아니다. 사실 이런 특수한 땅은 토지 투자를 오래 했던 고수들이나 수익을 올릴 수 있는 땅이다.

그러나 나는 종잣돈이 적었던 투자 초기에 문제 있는 땅을 집중적으로 샀으니 토지 투자를 굉장히 매운맛으로 시작한 셈이다. 돈이 없으니 머리라도 아프자는 마음이었다.

나는 하자를 가지고 있는 땅이라도 입지가 좋고 호재가 있는 지역에 있다면 일단 낙찰부터 받고, 그 뒤에 어떻게 하자를 해결할까 고민했다. 하자를 풀거나 다른 방향으로 활용할 방법이 있다는 판단이

◉ 경매에 응한 사람이 없어서 낙찰되지 못하고 무효가 선언되어 다음 경매로 넘어가는 것이다. 한 번 유찰된 물건은 다음 입찰가가 20~30% 정도 저렴해진다.

들면 입찰을 결심했다.

예나 지금이나 토지 투자에 안목과 인내가 필요하다는 점은 변함 없다. 나는 안목은 치열한 공부와 현장답사를 통해 기르자고 생각했고, 인내는 내 피에 흐르는 충청도인의 느긋한 기질, 잘 기다리는 성향을 믿기로 했다.

필요할 땐 저돌적이어야 하지만 그렇지 않을 땐 인내하고 기다리는 태도가 토지 투자자에게는 합리적이고 냉정한 분석력만큼 필요한 덕목이다. 땅을 잘 골라 매입하고, 시간을 들여 기다리기만 하면 큰 수익을 낼 것이다.

최소한 보름에서 한 달은 열심히 손품을 팔아야 좋은 물건을 찾을 수 있다. 그래도 지금은 얼마나 좋은 시대인가 생각한다. 직접 부동산 중개업소의 문을 일일이 두드리거나 종이 지도를 들고 다니며 땅을 봐야 하는 옛날 방식 그대로라면 힘들겠다는 생각도 든다.

2000년대 들어서 전국에 깔린 인터넷망은 토지 투자자에게 혁신적인 투자 방식을 선물했다. 인터넷으로 수많은 매물의 정보를 찾아볼 수 있게 된 것이다.

내 발로 직접 찾아가서 보기 전에 인터넷으로 고르면 되니 얼마나 좋은 시대인가? 발품에 비하면 손품은 아무것도 아니다. 그러니 귀찮다는 생각은 하지 말고 정보를 모아야 한다. 거듭 말하지만 토지 투자를 시작하지 않으면 아무리 많은 지식이 있어도 활용하지 못하는 꼴이다.

1천만 원이 100억 되는 땅에 투자하라

조물주도 모르는 낙찰가

경매는 내가 이 물건을 이 가격에 사겠다고 하는 사람 중 최고가를 써낸 사람을 낙찰자로 선정한다. 굉장히 낮은 금액을 썼는데 낙찰될 수도 있고, 이 정도면 높은 금액이라 생각하고 썼는데 낙찰받지 못하기도 한다. 나도 그런 경험이 있다.

10여 년 전 충청남도 예산 시내의 일반주거 지역에 있는 $264m^2$짜리 자투리 농지에 입찰한 적이 있다. 당시 경매 최저가는 1,500만 원이었는데 땅 주변에 온천 지구, 아파트 단지 등이 있고 개발 호재도 몇몇 보여 땅값이 오를 것 같았다.

당시 투자자들은 예산에 관심이 없었기 때문에 경쟁이 치열하지 않으리라 생각하고 최저가에 100만 원만 더한 1,600만 원에 입찰했다. 그러나 이게 웬일인가! 입찰 당일에 법원으로 갔더니 나를 포함해 세 명이나 입찰한 게 아닌가!

그리고 나는 별로 치열하지도 않은 경쟁에서 떨어졌다. 기가 막힌 건 최고가를 쓴 낙찰자와 겨우 1,000원 차이로 떨어졌다는 점이다.

그날 밤은 너무 아쉬워 잠이 안 올 지경이었다. 예산을 얕본 결과일까? 가볍게 생각하고 써낸 가격에서 단돈 1,000원으로 낙찰에 실패한 쓰디쓴 경험을 잊을 수 없다.

그 뒤로 나는 입찰가를 적을 때 맨 끝자리 수까지 세심하게 신경을 쓰게 됐다. 1,000만 원이라고 딱 떨어지게 쓰지 않고 끝에 990원,

90원을 쓰기도 한다. 경매는 10원이라도 많이 써낸 사람이 낙찰받기 때문에 이 작은 차이가 경매 시장에서 희비를 가르기도 한다.

경매 물건은 적게는 몇천만 원, 많게는 몇억 원까지 가다 보니 500만 원, 1,000만 원 정도는 적은 금액으로 느껴질 수도 있다. 하지만 다른 사람들보다 훨씬 높은 금액으로 낙찰받으면 시간이 조금만 지나도 후회하기 쉽다.

이와 관련해 2015년에 겪은 잊을 수 없는 경매가 있다. 경매가 1,000만 원짜리 제주 땅이 올라왔는데, 놀랍게도 이 땅 하나에 나를 포함해서 무려 100명이 입찰했다. 느긋하고 여유로운 제주살이가 유행하던 시기라 제주 유입 인구가 크게 늘던 때였다.

100명이 입찰하면 경매인은 100명의 이름을 다 부른다. 나도 놀랐지만 다른 사람들도 마찬가지로 놀란 얼굴이었다. '입찰자가 이렇게나 많다고?' 하는 어이없는 얼굴과 '끝났네', '망했네' 하는 실망의 눈빛이 교차했다.

사람이 아무리 많아도 낙찰자는 단 한 명, 즉 100대 1이다. 입찰했던 100명의 이름을 일일이 부르니 호명 시간만 해도 다른 경매보다 훨씬 길었다.

그렇다면 이 땅은 얼마에 낙찰되었을까? 겨우 1,000만 원짜리 땅이었는데 10배인 1억에 낙찰됐다. 믿을 수 없는 가격이다. 우리나라 경매 역사상 경매가 대비 최고가를 경신한 사례로 기록되었을 것이다.

나는 아무리 돈이 많더라도 1억 원까지 쓸 생각은 안 했을 것이다.

1천만 원이 100억 되는 땅에 투자하라

1,000만 원짜리 땅을 1억 원이나 주고 산다? 이 땅이 너무나 마음에 들어서 꼭 여기서 살고 싶다는 마음이 있는 사람, 거기다 돈도 많은 사람이면 입찰가로 얼마를 쓰든 자유다.

하지만 경매를 통해 저렴한 땅을 사서 수익을 내는 게 목적인 사람이라면 낙찰의 기쁨은 순간이고 땅이 수익을 내기를 바라는 동안 속만 타들어 갈 것이다.

그래서 비록 낙찰에는 실패했지만, 아쉬운 마음은 조금도 들지 않았다. 이런 역사적인 경매에 입찰했다는 일화를 재미있는 추억으로 가질 수 있어서 만족할 뿐이다.

초보 투자자들은 긴장감이 흐르는 경매장 분위기에 영향을 많이 받는다. 경쟁률이 높지 않아도 입찰가를 쓸 때 엄청난 부담을 느끼는데, 입찰자가 많기까지 하면 원래 생각했던 금액보다 높게 써야 할 것 같은 기분을 느낀다.

'금액을 너무 낮게 쓴 게 아닐까?'
'아, 너무 높은 금액을 썼다가 손해 보면 어쩌지?'

토지 경매는 소액으로도 투자가 가능하다는 장점이 있지만 헐값에 낙찰받고 싶은 사람들이 많다. 하지만 투자자가 생각하는 '소액'이 '헐값'은 아니니 너무 낮게 쓰는 건 안 된다. 그렇다고 내 능력으로 지불할 수 없는 높은 금액을 써도 안 된다. 입찰가를 정했다면 소신을 지켜야 한다. 아깝게 놓치는 한이 있더라도 말이다.

낙찰가는 조물주도 알 수 없으니 그저 마음을 비우고 소신을 지키는 것이 최선이다. 어디에 휩쓸리지 않는 내공을 길러 나가는 사람이 오랫동안 성공적으로 투자할 수 있다.

대출 전단지의 유혹

처음 경매로 땅을 낙찰받았던 날, 경매가 끝나자마자 알지도 못하는 아주머니들 십수 명이 나에게 막 달려와서 당황했다. 내가 연예인도 아닌데 이게 뭔가 싶어서 처음에는 깜짝 놀랐다.

낙찰받은 기쁨과 필요한 서류를 정리하려던 마음은 어디로 달아나고 아주머니들이 주는 전단지며 명함을 정신없이 받았다.

"돈 필요하시지? 우리 거 쓰세요. 싸게 드릴게."
"우리가 조금 더 싸요. 우리 거 쓰세요. 잘해 드릴게."

서로 자기 돈을 쓰라고 난리인 이 아주머니들은 제3금융권의 대출 상품을 권하는 일종의 브로커다. 불법이나 사기는 아니지만 전단지에 나와 있는 대로 믿고 대출을 받다가는 크나큰 낭패를 볼 수 있으니 조심해야 한다.

1천만 원이 100억 되는 땅에 투자하라

나도 초보 투자자 시절에 대출 전단지를 나눠주는 한 아주머니에게 붙잡혀 대출 상담을 받은 적이 있다. 분명 낙찰가의 80%까지 대출해 준다고 했는데 실제로는 60%밖에 나오지 않았다. 뒤늦게 모자란 돈을 마련하느라 이리 뛰고 저리 뛴 것은 둘째 치고 3%라고 했던 이자율도 실제로는 4%여서 낭패를 보았다.

전단지에 있는 정보는 말 그대로 '홍보용'이다. 대출이 많이 나올 것처럼 최대한 부풀리기 때문에 잘 살펴야 한다.

게다가 땅은 지역과 물건의 종류에 따라 담보로 인정하는 비율이 다양하다. 무작정 80~90%를 대출받을 수 있을 거라고 안심하고 접근했다가는 낭패를 본다.

감정가 비율이 높으면 다행이지만 감정가 비율이 낮다면 대출이 덜 나와서 잔금 납부에 차질이 생길 수 있다. 심할 때는 대출 자체가 불가능한 토지도 있으니 권리 분석♀을 충분히 해야 한다.

나는 주로 땅이 있는 현지의 제2금융권을 이용하는 편이다. 당진 지역의 땅을 샀다면 당진 농협, 당진 수협, 당진 신협, 당진 새마을금고 네 군데의 대출 담당자를 만나서 얼굴을 익혔다.

사람은 얼굴을 모르는 상태에서 친해지기가 어렵다. 대출뿐만 아니라 내가 아쉬운 일일수록 문제를 해결하려면 직접 찾아가는 것이

♀ 부동산의 등기부등본을 근거로 부채 비율, 소유권 상태 등을 확인하여 대출금 회수가 가능할지 판단하는 절차다.

좋다. 많은 일을 인터넷이나 스마트폰으로 해결하는 시대이긴 하지만 직접 만나서 얘기하는 것만큼 좋은 방법은 없다.

나는 대출 담당자들과 상담하며 이름을 외우고 얼굴을 익혀서 친분을 쌓았다. 그리고 필요할 때 네 금융 기관의 대출 조건을 비교하면서 가장 좋은 조건을 가진 대출 상품으로 거래했다.

담당자가 나를 신뢰하기 시작하면 이후에는 대출이 원만해진다. 반대로 나도 좋은 대출 상품을 소개했던 담당자에게는 다른 회원들을 많이 소개했다.

현지 은행의 대출 조건이 제일 좋긴 하지만, 경매가 끝났을 때 달려오는 아주머니들의 전단지에서도 간혹 좋은 조건의 대출 상품을 찾을 수 있다.

수백 명의 대출 담당자를 아는 회사들의 영업력이 나보다 좋을 거라고 생각해서 한동안은 경매가 끝나고 받은 전단지를 살펴서 대출받았다. 제2금융권보다 낮은 금리를 적용하는 상품, 제1금융권 상품 등 대출 상품의 종류는 다양하다.

대출받는 입장에서는 무조건 금리가 낮고 조건이 좋으면 그만이다. 제2금융권만 이용하지 말고 경락잔금대출 전문 담당자의 명함, 브로커의 명함을 모두 잘 챙기면서 가장 좋은 조건을 선택하면 된다.

사실 대출받을 때 조심해야 할 건 브로커보다 자기 자신이다. 경락잔금대출은 자기 자본이 조금만 있어도 되기 때문에 무리하기 쉽다. 자신의 자금 여력을 생각하지 않고 무리하게 대출받는 것은 어떤 경우든 위험하며, 자신이 감당할 수 있는 범위 내에서 대출받아야 한다. 결국 어떤 방식으로든 갚아야 할 돈이라는 것을 잊지 말고 마음을 잘 다스리는 것이 가장 중요하다.

나 역시 주변에서 끊임없이 조언을 건네는 분들이 많았다. 그중 토지 투자 스승이자 멘토인 어른이 늘 하시는 말씀이 있다.

"무리하지 마라. 좀 기다리면 좋은 건 또 나온다."
"무리하면 오래 못 간다. 분수껏 해야 한다."

젊은 혈기에 뭔가에 꽂히면 앞으로 달려나가는 내 곁에도 그런 고마운 분들이 계셨기에 큰 사고 없이 오늘날까지 올 수 있었다.

묘지를 파고 유골을 수습하다

그날은 날씨가 흐렸다. 비가 온다는 예보가 있었기 때문에 일을 빨리 마무리해야 했다. 나는 가지고 온 소주병을 꺼내 뚜껑을 따고 종이컵에 소주를 가득 따랐다.

봉분이 다 무너지고 잡풀이 무성한 묘지 앞에 소주 한 잔을 놓고 절을 올렸다. 그대로 잠시 기다렸다가 소주를 묘지 주변에 골고루 뿌려서 망자에 대한 예를 갖췄다.

그리고 나는 삽으로 묘지를 파내기 시작했다. 다 무너져 가는 묘지여도 무성한 잡초가 흙을 단단히 붙잡고 있어서 땅을 파내는 일이 쉽지 않았다. 얼마나 파야 하는지도 몰랐다.

삽질을 잘하는 인부 하나를 소개받아서 함께 오긴 했지만 묘지를 파는 일은 태어나서 처음 하는 일이었다. 아무리 땅에 미쳤다고 해도 아주 아무렇지 않을 수 없었다. 은은하게 뒷골이 당기고 온몸에 긴장감이 흘렀다.

관 하나의 면적이 얼마나 되겠냐 싶지만, 사람이 들어가서 작업할 수 있을 정도로 구덩이를 넉넉하게 파야 한다. 그리고 생각보다 관이 묻힌 위치가 꽤 깊다.

나는 삽질을 해 본 경험도, 요령도 없어서 더 힘들었다. 땀을 흘리며 인부와 함께 1시간 가까이 어찌어찌 땅을 팠다. 그런데 어느 순간 인부가 갑자기 삽질을 멈추고 우두커니 서서 나를 바라봤다.

"이제 못 하겠어요."

"네? 그게 무슨 말씀이세요?"

"삽질만 좀 하면 된다길래 왔는데 산소를 팔 줄은 몰랐어요."

"잘하셨으면서 이제 와서 이러시면 안 되죠."

"내가 산소를 보자마자 돌아가지 않은 걸 다행으로 아세요. 땅 파는 건 할 수 있지만 유골은 못 만져요."

"유골 수습도 감안해서 일당도 높게 드린 건데 이러시면 곤란하죠."

　　　　　　　　　　　　1천만 원이 100억 되는 땅에 투자하라

"아니요. 난 땅 파는 것만 해요. 땅은 더 팔 순 있지만 유골 수습은 못 해요."

생각지도 못한 돌발 상황이었다. 물론 아무것도 안 하고 지시만 할 생각은 아니었다. 하지만 함께 땅을 팠으니 유골 수습은 인부에게 맡기고 싶었는데 이렇게 버티면 하는 수 없었다. 어쩔 수 없이 인부에게는 땅만 계속 파라고 하고 나는 장갑을 꼈다.

여기서 실랑이를 벌여 봤자 서로 감정만 상하고 시간을 버릴 뿐이다. 무엇보다 빨리 이 상황을 끝내고 싶었다. 그래서 더 언쟁하지 않고 빠르게 뼛조각을 찾아 담았다.

화가 좀 나니까 두려움도 없어지는 것 같았다. 이건 아무것도 아니다, 앞으로 또 묘지 있는 땅을 살 수도 있는데 해 봐야지, 이걸 해내면 못 할 일은 없으리라는 오기도 생겼다.

유골을 수습하고 파낸 흙을 다시 메우고 나니 빗방울이 떨어지기 시작했다. 시간 맞춰 작업이 마무리된 게 다행이라 생각했다.

이 땅은 감정가가 5,000만 원이었지만 경매로 1,500만 원에 낙찰받았다. 한두 번 유찰된 이유는 묘지일 가능성이 가장 높다. 경매나 토지 거래에는 '분묘기지권'이라는 용어가 있는데 이건 토지의 주인은 아니지만 묘의 연고자가 갖는 권리다.

다시 말해 땅 주인이 아니더라도 그 땅에 묘를 계속 둘 수 있는 권리를 갖는다. 무덤이 있는 땅의 소유권이 내게 넘어왔다고 허락 없이 남의 묘지를 파내거나 이장하면 현행법상 처벌받는다.

땅을 샀는데 숨겨진 묘지라도 나오면 당장 그 주위는 못 쓰는 땅이 되기 때문에 분묘기지권이 있는 땅은 제값을 못 받는 경우가 흔하다. 하지만 대부분 묘지 문제만 해결하면 땅값이 두세 배 이상 오르니 고수들에게는 탐나는 투자처임이 분명하다.

나는 고수도 아니면서 투자 초기부터 분묘기지권이 있는 땅에 도전했다. 땅은 사고 싶지만 돈은 넉넉지 않은 절박함이 만들어낸 용기라고밖에 할 수 없다.

낙찰받은 후에는 일단 중앙일간지를 포함해 두 개 이상의 일간지에 무덤의 연고자를 찾는 공고를 냈다. 첫 번째 공고일로부터 1개월이 지나자 다시 한 번 공고를 냈는데, 이건 법적으로 정한 묘지의 연고자를 찾는 방식이다.

입찰하기 전에 이 땅을 보러온 적이 있다. 관리한 흔적 하나 없이 풀이 우거질 대로 우거지고 봉분도 한쪽이 조금 허물어져 있었다. 딱 봐도 무연고 묘지일 것 같은 확신이 들어서 입찰했다. 그런데도 막상 공고를 내니까 후손이 나타날까 봐 많이 긴장됐다.

후손이 나타나서 이장은 못 한다고 하면 어쩌지? 아니면 이장 대가로 터무니없는 금액을 요구하면 어떡하지? 다행히 무연고 묘지였지만 별별 생각이 다 들었던 그때를 잊을 수 없다.

끝까지 연고자가 나타나지 않아서 나는 관할 행정 기관에 유골을 수습하거나 이장할 수 있게 허가해 달라는 신청서를 제출했다.

1천만 원이 100억 되는 땅에 투자하라

묘지 문제를 해결했더니 이 땅은 본래의 감정가 5,000만 원을 회복했다. 유골 수습은 쉽지 않은 일이었지만 토지 투자에 자신감이 붙은 계기가 되었다.

그때부턴 유골 수습도 해 본 마당에 뭘 못 하겠냐며 문제 있는 땅이 마냥 두렵지만은 않았다. 한 번도 해 보지 않은 일을 눈 딱 감고 해낸 그 경험이 큰 내공이 된다는 걸 실감했다.

하지만 내 손으로 유골을 수습하는 일은 더 이상 안 하고 싶었다. 그래서 이후엔 유골 수습까지 할 수 있는 사람을 잘 알아봐서 일을 처리했다. 무엇이든 한 번쯤 해 봐야 더 좋은 방법을 찾는 것 같다.

맹지에서 탈출하라

맹지는 진입로가 없는 토지를 말한다. 묘지 못지않게 사람을 괴롭히는 땅이 맹지다. 묘지는 잘 살피면 피할 수 있지만 맹지는 맹지인 줄 모르고 사는 경우가 많다. 어느 날 회원들과 토지답사를 갔을 때 이런 질문을 받았다.

"소장님, 여기는 걸어서 들어갈 수 있는 땅인데 왜 맹지라고 하세요?"
"이 길은 주인이 따로 있어요."
"예에? 길은 누구나 쓸 수 있는 공공의 것 아니에요?"

땅에 대해 정말 모르는 초보자들은 이렇게 되묻는다. '사도'는 개인 소유의 도로를 가리키는 말이다. 사도가 생기는 이유는 여러 가지다. 내 땅이 맹지여서 출입하기 위해 도로를 만들거나 개발을 하기 위해 만들기도 한다.

내 땅을 밟기 위해서 남의 땅을 거쳐야만 하면 100% 빼도 박도 못하는 맹지다. 맹지인 줄 모르고 사서 속을 태우는 경우가 초보 투자자들에게는 심심찮게 일어나는 일이다.

10여 년 전, 군산시 옥구읍에 1억짜리 땅이 공매로 2,000만 원에 나왔다. 가격이 저렴한 이유는 진입로가 없는 맹지였기 때문이다. 다른 사람의 땅을 밟지 않으면 그 땅에 갈 방법이 없었다.

그러나 위치도 좋고 시세보다 저렴한 가격으로 이 넓은 땅을 살 수 있다니 쉽게 포기하기 어려웠다. 이 땅으로 갈 수 있는 방법을 찾아서 가치를 높여야 했다.

맹지에서 탈출할 수만 있다면 이 땅은 본래의 가치를 회복하는 것은 물론이고 그 이상의 가치를 지닐 수도 있다. 나는 등기부등본을 확인하고 진입로의 소유주를 찾아갔다.

"안녕하세요, 어르신. 제가 어르신 땅에 붙어 있는 땅을 산 사람입니다."
"그란디요?"
"갑작스럽게 찾아와 이러는 게 황당하실 수 있지만 저는 어르신의 길을 활용해서 도로를 내고 싶어 찾아왔습니다."

"황당하구마. 웬 젊은 사람이 갑작시레 와가꼬…. 길이 있는디 또 뭔 길을
내겠다는 것이요잉? 난 볼 일 읍씀께 언능 가소."

"어르신. 그러지 마시고 잠깐만 제 말 좀…."

첫판부터 단칼에 거절당했다. 선물용으로 가지고 온 박카스만 놓
고 대문을 나서는데 나를 부르는 소리가 들렸다. 혹시나 하는 마음
에 들떠서 돌아봤다.

"박카스 가져가쇼. 나가 요것을 받을 이유가 읍씀께."

"아닙니다. 어르신. 그건 그냥 인사입니다. 또 오겠습니다."

냅다 도망치듯 집을 빠져나오고 두 달 후에 다시 찾아갔다.

"어르신, 공짜로 쓰겠다는 게 아닙니다. 사용료를 섭섭지 않게 드릴 테니
도로 사용을 허락해 주세요."

"난 돈 필요 없는디요. 그 짝이 보기에는 나가 쪼까 거시기해 보여도 먹고
살만은 허요."

두 번째 방문에도 거절당하고 돌아왔다. 돈이 필요 없다는 사람,
욕심이 없는 사람이 제일 어렵다. 그렇다면 '지성이면 감천'이라고,
간절한 마음을 보여 주는 수밖에 없다는 생각이 들었다.

"어르신, 허락만 해 주신다면 제가 도로를 단단하고 이쁘게 만들어 드릴게요. 도로 사용 승낙만 해 주시면 전부 제 돈으로 만들겠습니다. 잘 정비된 길이 생기면 그 옆에 있는 어르신의 땅에 좋은 일이기도 하잖아요."

어르신이 바로 답변하지 않고 뜸 들이시는 걸 보니 내 진심이 조금은 닿은 것 같았다. 잠시 후 나는 도로 사용 허가를 받았다. 도로 사용료로 1,000만 원을 받겠다고 하셨는데 이 정도면 큰 욕심 없는 어르신이 맞다.

"젊은이가 얼굴은 순헌디 참말로 끈질기요. 근디 나는 고것이 맘에 들어 부렀어. 사람이 쪼까 그래야 쓰제잉."

어르신을 만난 후 처음으로 웃으시는 모습을 봤다. 요령 없이 열정만 가득해서 무작정 들이대다가 좋지 않은 소리도 많이 듣고 일을 그르친 적도 많은데 이 정도로 좋게 봐 주시니 참 감사했다.

길을 내는 일이 나에게도 좋은 일이지만 지주에게도 좋은 일임을 강조했던 게 통했던 것 같다. 돈에 큰 욕심이 없는 사람을 만났을 때 "세상에 돈을 싫어하는 사람이 어딨어?"라며 계속 돈으로만 설득하면 오히려 역효과가 날 수도 있다.

돈을 싫어하는 사람은 없겠지만 자신이 돈에 설득당했다는 사실이 불쾌한 사람은 많다. 돈보다 중요한 가치는 많기 때문에 뭐라고 할 수는 없다. 그럴 때는 돈을 많이 주겠다는 말보다 다른 이익을 제시하는 방향이 훨씬 효과적이다.

토지사용승낙서⦿를 써 주는 대가는 지주의 성향에 따라 천차만별이다. 소정의 사용료만 받고 허락하는 사람도 있지만 반대로 거액을 요구하는 사람도 있다.

내가 아는 어떤 분은 포장도로에 붙어 있는 땅이라 별생각 없이 매입했는데, 건축에 필요한 서류를 준비하다가 포장도로에서 땅까지 이어지는 짧은 길이 사도라는 걸 알게 됐다. 사도 소유자는 길을 이용하는 대가로 5,000만 원이라는 터무니없는 금액을 요구했다고 한다.

사도를 내며 포장까지 하는 경우 보통 지적도상에도 '도'라고 표시되고 도로대장에도 오른다. 그러면 대개 사도의 소유자가 아닌 일반인도 사용 가능하다. 단, 종종 예외도 있다는 점을 유의하고 예외에 해당되는지 미리 알아보는 과정이 필요하다.

맹지에 투자할 때는 반드시 도로를 낼 수 있는 방안을 확보한 후 계약서에 도장을 찍어야 한다. 맹지에서 탈출하는 방법 가운데 가장 많이 사용되는 것이 인접 토지를 매입하는 방법과 토지사용승낙서를 얻어 길을 내는 방법이다.

인접 토지를 사들여서 맹지에 도로를 만드는 것이 가장 손쉬운

⦿ 남의 토지를 사용하고 싶을 때, 토지 주인으로부터 사용 허가를 받은 걸 증명하는 문서다.

방법이지만 큰 비용이 든다는 단점이 있다. 반면 인접 토지를 가진 지주로부터 승낙을 얻어내는 방법은 시간이 오래 걸릴 수 있다는 단점이 있으니 충분히 고심해야 한다.

나는 경매로 맹지를 낙찰받고 어르신으로부터 도로사용승낙서를 받은 뒤, 도로 공사를 완료할 때까지 1년이 걸렸다. 그래도 이 정도면 양호한 편이다.

이 맹지는 경매로 2,000만 원에 낙찰받았고 도로 사용비 1,000만 원과 도로 공사 비용 1,000만 원을 합해서 총 4,000만 원이 들었지만, 길이 완공되자 단숨에 원래 감정가인 1억 원을 회복했다.

거기다 도로 사용을 허락받겠다고 왔다 갔다 하는 사이 지가가 올라서 1억 3,000만 원이 되었다. 그러니까 총 9,000만 원의 수익을 올린 셈이다. 양도세까지 생각해도 2년을 준비해서 8,000만 원의 수익을 얻은 것이다.

시간과 비용을 들여서 투자할 만한 가치가 있는 땅이라고 판단했는데 수익이 그걸 증명했다. 덕분에 나는 다른 땅에도 투자를 시작할 수 있었다.

완벽한 내 편

맹지 탈출을 도와주는 주체가 사도의 주인이 아닐 때도 있다. 내가

2008년 이후부터 투자의 규모를 늘려 나가며 집중해서 보던 곳이 부안 새만금 일대였다.

그날도 평소처럼 투자할 만한 땅이 없을까 해서 부안에 갔더니 어떤 논이 눈에 들어왔다. 입지도 좋고 가격도 마음에 들었다. 무엇보다 2차선 도로에 접하고 있다는 점이 정말 마음에 들었다.

직감적으로 이건 수익을 좀 내겠다 싶어서 지적도를 확인하러 갔다. 그런데 이게 웬일인가. 지적도상에 2차선 도로와 논 사이에 길다랗게 생긴 땅이 있었다. 꼭 사고 싶었던 땅이 다름 아닌 맹지였던 것이다. 집을 지을 수 없는 땅이었다.

그러나 오랜 답사 끝에 마음에 드는 땅을 만났던지라 쉽게 포기할 수 없었다. 우선 땅의 소유자가 누군지 확인했다. 만약 소유자가 개인이라면 그냥 포기하는 편이 낫다. 자기 땅을 통해야만 개발할 수 있는 땅을 가진 사람에게 너그러운 지주는 없기 때문이다.

이럴 때는 보통 지주에게 시세의 3배 정도 되는 돈을 주고 그 땅을 매입하거나 토지사용승낙서를 받아야 한다. 내가 지주라고 해도 두 가지 방법 모두 쉽게 받아들일 수 없다.

하지만 소유자가 개인이 아니라면 희망이 있다. 나는 실낱같은 기대를 품고 부안군청에 전화했다. 그 땅의 지번을 불러 주고 소유자가 누구인지 물었다. 그러자 전화를 받은 공무원이 대답했다.

"그 땅은 국유지입니다."

아싸! 내적 환호가 터져 나왔지만, 가까스로 흥분을 누르고 다시 질문했다.

"제가 사고 싶은 땅은 그 뒤에 있는 땅인데 건축이 가능합니까?"
"예. 가능합니다."
"길가에 있는 가드레일을 허물어도 될까요?"
"예. 가능합니다. 어르신들이 자전거를 몰고 가다 자꾸 논으로 떨어지셔서 쳐둔 건데 철거하셔도 됩니다."
"그럼 집을 짓는 데 별다른 제약은 없겠지요?"
"예. 문제없습니다."

아까 말했는데 뭘 또 묻냐, 공무원이 걱정 말라는 듯 살짝 웃음 섞인 목소리로 말했다. 아! 대한민국 정부가 이토록 완벽하게 내 편이라니 믿을 수가 없었다. 살면서 이런 적은 처음이었다.

투자를 하면서 행정 기관에 가서 일을 본다거나 전화로 문의할 때 이렇게 뭐 하나 걸리는 것 없이 내 바람대로 된 적이 있었나 싶었다. 이건 신의 입김이 작용했다 싶을 정도로 완벽한 상황이었다. 전화를 끊고 공무원이 다 못 웃은 만큼 내가 맘껏 웃었다.

나는 바로 그날 저녁에 그 땅을 매입했다. 평소 술을 즐기지 않는 편이지만 저녁 식사를 할 때 술 한 잔이 생각났다. 달콤한 뽕주 한 잔과 먹는 봄철 도다리 회의 맛은 토지답사 때 먹었던 그 어떤 음식보다 특별했다. 평소에는 어느 땅을 답사하며 어떤 음식을 먹었는지 전혀 기억하지 못하는데 그날만큼은 생생히 기억난다.

토지에 투자할 때는 매입 전에 반드시 도로나 진입로가 있는지 확인해야 한다. 맹지인 줄 모르고 사거나 쉽게 길을 낼 수 있을 거라며 안일하게 생각했다가 마음고생하는 초보 투자자들을 많이 봤다.

기본적으로 진입로나 도로가 붙어 있는 땅이 투자 가치가 높지만, 맹지라고 해서 무조건 가치가 없는 건 아니다. 맹지라도 길을 낼 수 있는 여지가 있는지 없는지 구분하는 것이 중요하다.

길을 낼 수 있는 땅이 있다면, 그리고 땅의 소유주가 대한민국 정부거나 지자체라면 관련 기관에 문의해서 점용 허가를 받는 게 가능한지 확인해야 한다. 만약 점용 허가를 받지 않고 임의로 쓴다면 나중에 큰 문제가 생긴다.

나는 관련 기관에 가서 도로와 내 땅 사이에 길쭉하게 놓인 국유지의 점용 허가를 받고 기부 채납 방식으로 이용하게 됐다. 그렇게 땅이 맹지에서 탈출하면서 2년 만에 200%의 수익을 냈다.

지금까지 하자 있는 땅을 매입해도 쉽게 포기하지 않고 방법을 찾으려고 노력하니 하늘이 도왔다고 생각한다. 맹지를 두려워하지 않고 가치를 분석해서 길을 낼 방법을 찾아 큰 수익을 보게 되면서 내가 토지 투자 전문가가 되어간다는 것을 실감했다.

보통은 투자 고수들이 맹지나 하자가 있는 땅을 찾아 큰 수익을 내는데, 나는 일찌감치 매운맛으로 시작한 덕에 힘들긴 하지만 빠르게 내공을 쌓았다.

토지 투자를 하다 보면 뭐가 이리 답답하냐, 뭐가 이리 복잡하냐, 이래서 못 해 먹겠다, 언제까지 기다려야 하나, 자주 이렇게 한탄하게 되지만 포기하지만 않으면 일이 술술 풀리는 날도 온다.

내 땅 위의 남의 집

땅에 '법정지상권'이 걸렸다는 말이 있다. 땅 위에 건물이 있는 채로 경매에 나왔다는 말이다. 우리나라 법은 땅과 건물을 별개의 부동산으로 취급해서 내가 땅을 샀더라도 건물의 소유자가 다른 사람이라면 그에게 따로 권리가 보장된다. 어떻게 보면 분묘지기권과 비슷하다.

감정가가 1억인데 경매에서 3,000만 원에 낙찰받은 땅 위에 다른 사람 소유의 건물이 있던 적이 있다. 이걸 해결하기는 골치 아프니까 유찰된 모양이었다. 그러나 나는 그 땅의 경매가가 무척 매력적으로 느껴졌다.

'건물 문제만 해결되면 1억이라는 거지?'

내가 매입한 땅에 다른 소유자의 건물이 있다는 것은 불편한 일이다. 만약 법정지상권이 성립되는 땅을 구매해서 개발하려고 한다면 이 건물이 장애가 될 수 있어서 지가에도 영향을 준다.

되도록 정리가 쉬운 폐건물이 있는 것이 유리하며, 땅을 팔든 개발을 하든 권리 행사를 자유롭게 하기 위해서는 지상권 문제는 일찌감치 정리하는 것이 좋다.

경매 입찰 전에 현장에 가 보니 건물은 아무도 살지 않는 허름한 빈 농가였고, 관리하지 않는 걸 보면 살 계획이 있는 것 같지도 않았다. 이 정도면 소유주를 만나 잘 해결할 수 있겠다고 생각했다.

어쨌든 건물 주인도 우리와 같은 평범한 사람이니까 법정지상권을 주장하며 변호사를 선임해 소송하는 복잡한 절차는 싫어할 것이다. 사실 그게 더 손해이기도 하다. 그래서 일이 빠르게 처리될 줄 알았는데 오산이었다.

"이 집은 사람만 안 살 뿐이지 잘 쓰고 있는 집이에요."

"버려졌다시피 한 건물 같은데 어떤 용도로 쓰시는지요?"

"버려지다뇨? 이건 엄연히 내 집이고 그쪽에게 내가 어떤 용도로 쓰고 있는지 꼭 말해야 합니까? 전 주인도 아무 소리 안 했다고요."

땅의 주인과 건물의 주인이 달라 법정지상권이 성립하면 건물 소유자는 30년간 토지를 사용할 수 있다. 하지만 땅을 낙찰받아 새롭게 지주가 된 사람은 건물 소유자에게 토지 사용료인 지료를 청구할 수 있다.

그래서 나는 지료를 청구했다. 돈이 탐났다기보다 이러면 버려진 농가를 보존하겠답시고 돈을 쓰는 게 아깝다고 느낀 농가 주인이 권리를 포기하리라 생각했기 때문이다.

지료 청구 이후 돈을 안 낸 채 2년이 경과하면 나에게는 집을 강제로 철거할 수 있는 철거권이 생긴다. 지료를 받으면 거기서도 이익이 나오니 좋다고 생각할 수 있지만 지료는 토지 시세의 연 5% 선에서 받을 수 있으므로 큰 수익이라고 보긴 어렵다.

아무튼 농가 주인으로부터 협의하자는 반응이 왔다. 그러나 농가의 권리를 포기하겠다는 전화 한 통 이후 아무런 소식이 없었다. 기다리다 못해 내 쪽에서 다시 연락을 취해 지상권 포기 각서를 받으러 가겠다고 하니 이제는 지료를 내겠다고 하면서도 5%에서 터무니없이 깎으려 드는 게 아닌가?

더 이상 협의가 안 되겠구나 생각하고 그냥 2년 동안 마음을 비우고 기다리기로 했다. 사용료를 안 낸다면 오히려 좋다고 생각하고 시간을 들이기로 한 것이다. 예상대로 농가 주인은 지료를 청구한 뒤로 2년 동안 돈을 한 푼도 내지 않았다.

결국 나는 법원에 지료청구소송을 제기하고 승소해서 철거권을 얻었다. 철거 비용이 들었지만 워낙 싸게 낙찰받은 땅이라 이득이었다. 허름한 건물이 철거되자 법정지상권이 해소되면서 낙찰 2년여 만에 본래 감정가를 회복했다.

애초에 농가가 허름하지 않고 관리되고 있었다면 그 땅을 쳐다보지도 않았을 것이다. 아무리 땅 주인이라고 해도 땅에 있는 건물을 마음대로 하기는 어렵다. 자기 땅이라고 건물주에게 권리 행사를 멋대로 하지 못하도록 생긴 법이 법정지상권이기 때문이다.

그래서 철거하지 못해 방치한 것 같은 건물, 철거할 만한 낡은 건물이라 판단이 들 때만 지상권이 걸린 토지를 공략했다.

지상권을 가진 사람을 처음 찾아갈 때는 매번 긴장됐다. 더군다나 당시에 나는 30대 초반으로, 지주든 건물주든 만나는 사람 대부분이 나보다 한참 나이가 많았다. 하지만 나이에 주눅 들지 않고 상대방의 애로사항이 무엇인지 찾았다.

철거도 비용이 적잖이 들기 때문에 어쩔 수 없이 그대로 둔 경우가 많았다. 그래서 철거하는 데 드는 비용을 내가 부담하겠다는 의사만 전하면 어렵지 않게 협의가 성사되기도 한다.

나는 터무니없는 경우만 아니면 사정이 허락하는 한 내가 조금 더 손해를 보겠다, 내가 비용을 더 쓰겠다는 자세로 투자했다. '돈을 벌자고 이 고생인데 그런 데다 쓸 돈이 어디 있냐?'고 아까워하면 할 수 없는 일들이 너무 많다.

그래서 경매에 입찰할 때는 하자를 없애는 데 드는 비용까지 고려해서 시세를 회복했을 때의 수익이 얼마인지 계산한다. 그래도 모든 일이 잘 풀리는 건 아니다. 그땐 받아들이고 시간이 내 편이 되어 주길 기다리는 수밖에 없다.

형제들 사이에 끼어든 불청객

공유 지분은 하나의 땅을 2인 이상이 공동으로 소유하고 있는 경우를 말한다. 공유자 1인, 혹은 여러 명의 지분이 경매로 나올 수 있으며, 낙찰받으면 지분에 해당하는 만큼 소유권 행사를 할 수 있다.

예를 들어 공동 소유자 중 한 사람이 사고를 쳐서 땅이 법원 경매 물건으로 나왔다면 사고를 친 사람의 지분에 해당하는 권리가 경매에 나온 것이다. 내가 낙찰받으면 다른 공동 소유자들 안으로 들어가 소유권이 함께 묶인다고 보면 된다.

지분경매를 꺼리는 데에는 여러 가지 이유가 있지만 그중 가장 큰 이유는 법원이 다른 공동 소유자에게 '우선매수청구'의 기회를 준다는 점을 꼽을 수 있다. 한 명이라도 우선매수청구를 하면 기존 낙찰은 무효가 되고 공유 지분을 가진 사람에게 낙찰되는 것이다.

닭 쫓던 개 지붕만 쳐다보는 꼴이다. 물론 입찰 보증금은 다시 돌려받겠지만 기껏 시간 내서 손품 팔아 좋은 물건을 찾고, 발품 팔아 토지답사까지 해서 낙찰받았는데 그동안 투자한 시간과 돈, 노력은 헛수고가 된 게 아닌가.

다른 문제도 있다. 지분경매는 낙찰받더라도 추후 재산권 행사나 매각이 쉽지 않다는 점이다. 다른 공동 소유자들의 동의 없이는 아무런 행위도 할 수 없기 때문이다.

그러나 문제를 원만하게 해결할 수 있는 능력만 있다면 공유 지분

1천만 원이 100억 되는 땅에 투자하라

경매만큼 수익성 좋은 물건은 없을 것이다. 수많은 경매 물건 중 낙찰률이 낮기로는 으뜸이지만 잘만 하면 높은 수익을 올릴 수 있다.

하지만 문제가 워낙 만만치 않으니 초보 투자자일수록 공유 지분은 피하는 게 좋다. 나 역시 공유 지분은 피하려고 했지만 그래도 다음과 같은 경우에는 입찰했다.

첫째, 공동 소유자들의 성씨가 모두 같은 경우다. 다시 말해 혈육끼리 공동으로 소유하고 있는 땅이라면 공유 지분이라도 적극적으로 공략했다.

서로 남인 사람들이 공유하는 땅이라면 제각각 셈이 달라서 땅을 처분할 때 협의가 수월하지 않지만, 다른 공동 소유자들이 혈육이라면 협의하기 훨씬 쉽다. 형제 사이에 갑자기 난입한 낯선 이와 공동으로 땅을 소유하는 건 불편하고 재산권 행사에도 걸림돌이 되기 때문이다.

나는 2006년에 경매로 형제들이 공유한 서산 땅의 지분을 낙찰받은 적이 있다. 며칠 후 형제 중 맏형이 만나자고 청했는데 표정이 떨떠름했다. 그럴 수밖에 없는 이유는 형제들이 소유한 땅에 생판 모르는 남이 난데없이 공동 소유자로 들어왔기 때문이다.

공유 지분을 경매로 내놓을 수밖에 없는 사정이 어떻든 표정이 좋을 수가 없을 것이다. 아니나 다를까 맏형은 거두절미하고 본론을 꺼냈다.

"그 지분은 우리가 다시 사겠습니다. 집안에 좀 복잡한 일이 있어서 경매로 넘어간 건데 그래도 형제들끼리 소유하고 있어야 할 것 같네요."

내 이럴 줄 알았다. 아니, 이걸 노렸다. 사실 내가 먼저 찾아가 제안하려 했다. 맏형은 우선매수청구를 신청하지 않았던 걸 후회하는 것 같았다. 본래 이 지분의 감정가는 1억 원이었는데 나는 3,000만 원에 낙찰받았기 때문이다.

"그렇다면 제 지분을 매입하는 데 얼마를 생각하시는지요?"
"3,000만 원에 낙찰받으셨으니 500만 원 더 얹어 드릴게요."

나는 상대가 고작 500만 원을 더 주면서 선심 쓰듯 말한다는 느낌을 받았다. 그래서 더욱 받아들이기 어려웠다.

"저는 낙찰받기까지 시간도 경비도 많이 썼습니다. 그건 접어두고라도 고작 500만 원을 벌겠다고 입찰한 게 아니라는 점을 말씀드리고 싶습니다."
"그럼 얼마를 생각하시는지…."

맏형은 살짝 당황한 얼굴이 되어 금방 말을 잇지 못했다. 나는 낙찰가의 2배를 제시했다. 공유자들은 거기까지 생각하지 않고 낙찰가에 조금만 더 얹어 주면 해결될 줄 알았던 것 같다.

하지만 내 지분은 감정가가 1억 원이다. 만약 이들이 일반 매매로 누군가에게 땅을 판다면 1억 원 이상 받을 게 아닌가? 그걸 고려하면 내가 요구한 6,000만 원은 꽤 저렴한 금액이다.

'본래 우리 것이었는데 6,000만 원이나 주고 다시 사라니!' 이런 억울한 생각이 들 수도 있겠지만 그건 그쪽 사정이다. 자본주의 사회에서 엄밀히 따지면 그렇다.

"제가 제시한 금액이 마음에 들지 않으시면 제 지분만큼 토지를 분할해 주시는 건 어떻습니까?"

그날은 이렇게 헤어졌다. 공유물을 변경하거나 처분할 때는 공동 소유자 전원의 동의가 필요하기 때문에 아마 형제들과 상의하러 갔을 것이다.

사흘 후 만형이 나의 토지 분할 제안을 받아들이겠다고 전했다. 이때부터 나는 욕심을 부리지 않았다. 측량비는 내가 부담하기로 하고 일부러 못생긴 쪽의 땅을 갖겠다고 말했다.

내가 좋은 쪽을 가지겠다고 욕심부리면 다 된 밥에 재를 뿌릴 수도 있다. 공유자들이 반대하면 다른 난항에 부딪힐 수 있는데 애초에 못생긴 땅을 달라고 하면 원만하게 협의할 수 있다.

그렇게 나는 300평을 가져왔다. 얼핏 보면 못생긴 땅을 가져와서 손해를 본 것 같지만 공유 지분에서 탈출했다는 점이 중요하다. 단독으로 내 땅을 떼어서 가지고 나오는 것, 그게 공유 지분 입찰을 결심했을 때 삼은 최종 목표였다.

측량 분할 비용 200만 원을 더해서 모두 3,200만 원이 들었던 이 땅은 분할 과정에서 못생겨지는 바람에 1억까지 바라볼 수는 없더라도 7,000만 원까지 간다. 2배 이상의 수익을 올린 셈이다.

낯선 사람을 찾아가는 건 토지 투자를 하면서 수없이 겪는 일이다. 설득하거나 협의하고 때로는 읍소해야 할 때도 있다. 그럴 땐 만나는 사람이 자신에게 가장 이익이 되는 쪽을 고를 수 있도록 여러 선택권을 제시한다.

욕심을 부리지 않고도 가져올 이익이 그만하면 충분하겠다 싶을 때 협의하는 게 좋다. 특히 약간 손해 보는 쪽을 선택했을 때가 가장 깔끔하고 기분 좋게 마무리 되던 걸로 기억한다.

지렁이를 용으로 만드는 땅따먹기

나는 회원들에게 맹지는 되도록 사지 말라고 말한다. 진입로가 없는 땅은 값은 싸지만, 건축도 못 하고 다시 팔기도 힘들어서 속을 많이 태울 수 있기 때문이다. 맹지에서 탈출할 방법이 있을 때나 전문가의 조언을 듣고 매입을 결정하는 것이 좋다.

그러나 내가 맹지에 온 신경을 집중하며 공을 들인 때가 있다.

2006년에 일명 '땅따먹기'라고 부르는 투자를 하기 위해 안성에 간 적이 있다. 당시 안성시 서운면의 한 지역은 서울과 세종을 잇는 고속도로가 생기는 호재의 영향권에 있었다.

이 지역에서 땅 하나가 경매로 나왔다. 길가에 붙어 있는 일명 '지렁이 땅'이었다. 폭이 좁고 구불구불하며 길쭉한 땅이었는데 건축도 어려워 보이고 달리 쓸모가 없어서 싸게 나왔다.

"아들아, 너는 다 계획이 있구나"

영화 〈기생충〉에서 송강호가 자기 아들에게 했던 대사가 생각나는데, 나도 이 땅에 입찰하면서 큰 계획을 세웠다. 나는 지렁이 땅보다 그 뒤에 있는 땅에 주목했다. 한두 필지가 아닌 땅들이 다 맹지였다. 도로와 붙어 있는 땅이 평당 60만 원 선인데 그 뒤의 맹지는 절반 값이었다.

나는 이 땅을 사서 지렁이 땅과 합치고 싶었다. 지주들은 그냥 이 땅을 가지고 있을 뿐, 아무런 행위를 할 수가 없으니 내가 그 틈을 파고드는 전략이다.

나는 지렁이 땅을 사기 전 그 뒤에 넓게 있는 맹지의 지주가 한 사람인지 여러 사람인지부터 알아봤다. 맹지의 주인이 여럿이면 사야겠다고 마음을 굳혔다.

맹지의 지주가 여럿인 땅이 왜 좋은가 하면 주인이 한 명일 때는 선택지가 너무 좁기 때문이다. 이 사람이 어떤 조건을 걸어도 안 팔겠다고 하면 나는 그냥 쓸모없는 땅을 산 사람이 될 위험이 있다.

그러나 지렁이 땅과 접한 맹지의 지주가 여러 명인 경우에는 한 사람이 안 팔겠다고 하면 다른 사람을 공략하면 그만이다.

"그럼 다른 지주님께 가야겠네요. 그분은 파실 것 같던데."

'당신이 안 판다고 하면 옆집 땅을 사겠습니다'를 에둘러 말한 것이다. 그러면 지주의 마음이 흔들릴 수 있다. '산다는 사람이 나왔을 때 파는 게 나으려나?'라는 생각이 들면서 마음이 바뀌는 것이다.

그래도 흔들리지 않으면 말 그대로 다른 지주가 바로 옆에 있으니 대상을 바꿔 제안하면 된다. 이렇게 내 땅에 붙어 있는 맹지의 지주가 여럿일 경우 공략할 선택지가 많아진다.

그리고 지목♀을 살펴야 한다. 내가 산 지렁이 땅이 전(田), 즉 밭이라면 그 뒤에 붙은 맹지도 밭을 사야 한다. 하지만 맹지가 답(畓), 즉 논이면 먼저 산 지렁이 땅을 답으로 지목 변경을 해야 한다. 그래야 땅을 합치는 '합필'이 가능해지기 때문이다.

"지주님. 이 땅은 저에게 파시죠. 제가 값을 잘 쳐드릴게요."

♀ 땅의 목적에 따라 분류한 것을 말한다. 우리나라는 논, 밭, 대지 등 28개 지목이 있다.

어디를 가든 다짜고짜 땅을 팔라고 말을 건네면 대부분 뜨악한 얼굴이 된다. 당연하다. 갑자기 찾아온 낯선 사람이 대뜸 땅을 팔라고 하는데 반색할 사람이 어디 있을까. 마침 땅을 팔고 싶었더라도 포커페이스를 유지하려고 할 것이다. 이제부터 고도의 심리전이다.

"제가 시세보다 잘 드릴게요."
"이 땅은 맹지인데 알고는 왔나?"
"예. 알고 왔습니다. 제가 시세를 알아보니 평당 30만 원이더라고요. 저는 평당 35만 원을 드릴게요."

누군가를 설득하려면 상대방에게 뭔가 이득이 있어야 한다. 시세보다 더 주겠다는 제안 정도는 해야 지주의 마음이 움직인다.

맹지를 가진 지주들은 예전에 한 번쯤 매물을 내놓은 적이 있는 경우가 많다. 맹지라 아무도 사려고 하지 않아 못 팔았던 것이다. 결국 포기하고 그냥 잊고 있었는데 내가 나타나서 평당 5만 원씩 더 주겠다고 하면 솔깃하지 않을 수 없다.

하지만 이때 주의해야 할 점이 하나 있다. 지주들에게 내가 길가의 지렁이 땅을 샀다는 말은 절대 하지 않는 것이다. 그 땅을 샀다고 하면 대번에 값을 더 올려서 부를 수 있기 때문이다.

자신이 가진 맹지가 길가의 땅과 합해지면 가치가 크게 올라간다는 것을 아는 순간, 내가 쥐고 있던 칼자루는 지주들에게 넘어간다.

내가 지주였어도 배짱을 부리며 값을 더 높게 부를 것이다.

"아니, 근데 얼굴도 허연 젊은 사람이 맹지는 사서 뭐에 쓰려구?"
"아, 예. 저는 이 땅으로 농지연금을 받아보려고요."

나는 지체하지 않고 이렇게 대답했다. 농지연금을 받을 목적으로
땅을 구매하는 거라면 맹지도 괜찮기 때문이다. 그렇게 나는 맹지를
하나둘 매입하고 지렁이 땅과 합필했다. 지자체에 신청하면 이걸 한
번지수로 만들어 준다. 자그마한 지렁이가 몸집을 키워 커다란 용이
된 것이다.

나는 한동안 길을 따라 길쭉하게 이어진 지렁이 땅만 찾아다녔다.
그리고 근처 맹지를 사들여 합필하는 방식으로 땅을 확장함으로써
수익을 얻었다.

이 방법에서는 길과 붙은 땅을 '싸게' 사는 게 중요하다. 나는 경
매를 통해서 싸게 살 수 있었다. 처음 살 때 평당 60만 원이라고 해
도 다른 땅과 합쳐서 모양이 예뻐지면 땅값은 오른다. 바로 10만 원
이상이 더 오를 것이다.

하지만 70만~80만 원이 문제가 아니다. 고속도로가 개통되면 지
가가 1.5배에서 2배까지 뛸 수 있다. 작은 지렁이 땅으로 시작했지만
덩치가 커지고 땅값도 올라가면서 이제 평당 150만 원에서 200만
원까지 가는 용이 된 것이다.

1천만 원이 100억 되는 땅에 투자하라

길가에 붙은 못생긴 땅이 싸게 나오면 이 땅의 가치를 어떻게 높일까 생각하는 것이 당시에 자주 하던 고민이었다. 못생긴 땅을 매입하기 전에 맹지를 작업하는 일이 쉬웠다고 말할 수는 없지만, 높은 수익으로 충분히 보상받았다.

세상에 아무 가치도 없는 땅은 없다. 지금보다 가치를 높일 수 있는 땅만 있을 뿐이다. 초보 투자자들은 땅을 볼 때 완벽한 땅을 찾길 원한다. 입지가 좋고, 모양이 예뻐서 누가 봐도 사고 싶은 땅들 말이다. 특히 이론이 단단한 투자자일수록 이러한 경향이 강하다.

그러나 땅이 좋으면 자금이 충분하지 않고, 가지고 있는 자금에 맞는 땅을 찾다 보면 땅 모양이 예쁘지 않다. 땅이 마음에 들지 않는 이유는 땅이 백 개라면 백 가지 이유로 다양하다. 그래서 이론으로 무장한 투자자들은 완벽한 땅만 고집하다가 제풀에 지친다.

길가에 접해 있는 네모반듯하게 예쁜 땅. 누가 봐도 예쁜 땅은 누구나 갖고 싶은 땅이다. 비싼 건 당연하다. 바로 매입할 만한 재력을 가진 사람이 부럽지만 그렇다고 예쁜 땅을 사지 못하는 내 신세를 한탄하고 있을 수만은 없다.

수학이 아니라 예술입니다

토지 투자는 보통 '싸게 사서 시간이 흐른 뒤에 비싸게 팔아' 수익을 남기는 게 가장 기본적인 방식이다.

다만 단순히 시세 차익을 노리는 것이 토지 투자의 전부는 아니다. 내가 주로 쓰는 방법은 여러 개의 땅을 모아 하나의 필지로 만드는 '합필', 이것을 다시 나눠서 수익을 발생시키는 '분할'이다.

합필은 2필지 이상의 토지를 합쳐서 1필지로 만드는 것이고, 분할은 1필지의 토지를 나눠서 2필지 이상으로 만드는 것을 말한다. 그러기 위해서는 합하거나 나누려는 땅들 옆에 지적도상 도로가 있어야 한다.

나는 3년 전쯤 개발 호재가 많은 지역에서 1,000평 정도 되는 삼각형 모양의 땅을 찾았다. 주변 땅들은 평당 40만 원에 거래되고 있었으나, 매물로 나온 땅은 못생긴 모양 때문에 사람들의 마음을 사로잡지 못했는지 평당 30만 원밖에 되지 않았다. 그래서 나는 지인 두 명에게 공동 투자를 제안했다.

"삼각형 모양? 좀 난감한데 괜찮을까요?"
"이런 모양의 땅을 어떻게 필지 분할 하겠어요?"

이런 의문이 드는 건 당연하다. 그러나 나는 조금 다르게 생각했다. 삼각형 모양의 땅이기는 하나 넓은 면적이 도로변에 인접했고, 거기에 붙어 있는 땅도 삼각형 모양이었기 때문이다.

삼각형 모양의 두 땅을 합치면 직사각형 모양의 땅이 완성된다. 우리는 곧바로 옆 땅의 지주를 찾아가 땅을 교환하자고 제안했다.

"아닌 밤중에 홍두깨라고 갑자기 땅을 교환하자니요?"

"저희 땅이 삼각형인데 지주님 땅도 삼각형이잖습니까? 그래서 우리 땅

들이 주변 시세보다 좀 떨어진 가격이고요. 그러니 서로의 땅을 좀 합친

뒤에 다시 나눠서 땅 모양을 예쁘게 만들면 어떨까 합니다."

지주는 우리의 설명을 듣고 나서 흔쾌히 동의했다. 그렇게 먼저 우리가 산 땅과 옆 땅을 합필할 수 있었다. 이렇게 삼각형 모양에서 사각형 땅으로 바뀐 토지를 균등하게 배분했다.

얼마 지나지 않아 우리의 땅은 물론이고 옆 지주의 땅도 지가가 시세만큼 상승했다. 지금 생각하면 옆의 지주가 삼각형 모양의 땅을 가지고 있던 게 큰 행운이었다.

이 사례는 발상의 전환을 통해 못생긴 땅을 예쁜 땅으로 만든 것이다. 이런 영리한 토지 분할은 수익을 창출한다. 좋은 땅을 비싼 가격에 되파는 것도 능력이지만, 애매한 땅을 좋은 땅으로 만들어 비싼 가격에 되파는 것은 고급 기술이다. 토지 투자는 이런 방법을 활용해 성공했을 때 더 짜릿하고 즐겁다.

또 한 번은 경매로 300평의 땅을 낙찰받았다. 도로에 인접한 데다 주변에 호재도 많고 용도도 좋아서 주변 시세는 평당 20만~30만 원에 거래되고 있었다. 그런데도 두 번이나 유찰된 이유는 공유 지분

으로 나온 땅이었기 때문이다.

땅 모양은 세 면이 직사각형으로 완성되려고 하다가 다른 한 면이 삼각형처럼 잘려 다른 꼭지점에 가서 붙은 모양이었다.

나는 오랫동안 고민하다가 과감하게 낙찰받았다. 내가 받을 지분이 전체 토지의 절반에 달했고 입지와 용도가 훌륭하다는 장점을 놓치고 싶지 않았다.

나는 낙찰받은 후 나머지 절반의 지분을 가진 지주를 찾아가서 땅을 필지 분할해서 나눠 갖자고 제안했다. 분할 후 예쁜 직사각형 모양의 땅은 상대에게 주고, 나는 도로와 닿고 면이 좁은 삼각형 모양의 땅을 가졌다.

언뜻 보기에는 손해 보는 것 같은 선택이지만 두 가지 이유 때문에 괜찮았다. 첫째, 땅 모양은 예쁘지 않아도 건축할 수 있는 면적으로는 충분했다. 둘째, 두 번의 유찰로 인해 경매가가 내려갔기 때문에 그만하면 충분히 저렴해서 필지 분할 후 시세가 회복되면 큰 수익을 얻을 수 있었다. 내 집을 짓고 살 생각이 아니었기 때문에 땅 모양은 크게 상관없었다.

나는 토지 투자에서 더하기와 나누기는 수학이 아니라 예술이라고 생각한다. 토지 투자의 고수들은 어떤 땅에 단점보다 장점이 많다는 결론을 내리면 매입한다.

나 역시 땅에 단점이 있어도 포기하지 않고 단점을 줄이고 장점은 극대화해서 땅의 가치를 높일 궁리를 한다. 땅을 사기 전에 해결해야 할 문제를 다시 한 번 생각하고 땅을 어떻게 성형할지 고민해서 답이 나올 때 매입한다. 땅도 꾸미기 나름이며, 얼마나 정성을 들이느냐에 따라 그 가치가 달라진다.

Chapter 2.

3,000만 원뿐인 직장인이 고수가 된 비결

1　경매가를 사랑하고 감정가에 취하라.

2　손품으로 시작하고 발품으로 완성하라.

3　자금이 적을수록 몸을 부지런히 쓰라.

4　경매에서 가장 큰 경쟁자는 자신이라는 점을 기억하라.

5　상대를 설득하고 싶으면 이익을 제공하라.

6　토지의 단점보다 장점을 보라.

7　못생긴 땅을 과소평가하지 말라.

Chapter 3.

투자 정보는 굴러들어 오지 않는다

토지 투자는 부지런해야 한다

내 소유의 땅을 갖는다는 건 여전히 많은 사람의 꿈이다. 그러나 토지 투자는 나이도 지긋하고 어느 정도 자산을 형성한 사람들이나 가능한 일, 엄청난 자산을 가진 사람들이나 할 수 있는 일이라는 생각에서 많이들 포기한다.

하지만 꼭 큰돈이 필요한 건 아니며 땅은 급락, 폭락이 드문 안전한 부동산이라는 말을 하고 싶다. 한마디로 땅은 묵직하다. 토지 투자 경험이 있는 사람들은 이 느낌을 알기 때문에 다시 땅에 투자하는 것이다.

사람들은 오랜 시간 모은 돈으로 토지 투자를 할 때 내가 사고 싶은 땅에 대한 정보를 사소한 것까지 모두 알고 싶어 한다. 하지만 사고 싶은 땅의 정보를 어디서 알 수 있을까? 나는 초보 투자자일 때부터 매입을 결정하기 전에 늘 이런 생각을 했다.

'내 피 같은 돈을 쓰는 건데 부동산 중개업소 말만 들을 수 없지. 누구나 열람할 수 있는 정보만 가지고 땅을 살 수는 없어.'

그래서 손품, 발품, 귀동냥을 총동원했다. 온라인이나 모바일을 통해 찾을 수 있는 모든 정보를 찾고, 직접 현장에 가서 봐야 할 것들을 샅샅이 확인하고, 거기서 만난 사람들에게 궁금한 것을 물었다.

정보는 스스로 찾아오지 않는다

현지 부동산 중개업소의 이야기를 듣는 건 기본이다. 나는 투자 초기에 대부분 경·공매로 땅을 샀지만, 현장답사를 할 때는 땅만 보고 오지 않고 현지 부동산 중개업소를 몇 군데 골라 방문했다.

현장답사 때 내가 만나는 모든 사람은 나의 소중한 정보원이며 컨설턴트다. 이장님, 슈퍼 사장님, 식당 사장님, 식당에서 만난 손님, 미용실 원장님, 시·군청 공무원, 경찰관, 우체부, 면장, 법무사, 주부, 경로당의 어르신 등등. 모두 나열하기 힘들 정도로 많은 사람과 만나는데, 만나는 사람이 누구냐에 따라 현장에서 얻는 정보의 양과 질이 달라진다. 내가 특히 만났으면 하는 사람들은 우체부, 이장, 면장, 슈퍼마켓 사장, 미용실 원장이다.

특히 중요한 정보원은 이장과 면장이다. 가구 수가 적은 지방에서 이장은 동네의 대소사뿐만 아니라 각 가정의 밥숟가락 개수까지 안다고 할 정도로 동네 사정을 훤히 알고 있다.

어느 집이 어떤 땅을 내놨는지, 왜 내놨는지, 이 동네에 길은 언제 나는지, 땅에 대한 정보도 많이 안다. 그래서 현장에 나갔을 때 이장을 만나는 것은 큰 행운이다.

면장은 개발 계획이나 주변 환경에 대해 아주 체계적으로 아는 사람이다. 이제는 시골도 살기 좋아지고 여러 자치 행정과 복지가 늘어나면서 면장의 권한이 강해졌다.

작은 면은 별다른 사건 없이 다소 지루한 업무가 이어지기 마련인데, 만약 누군가 귀촌이나 귀농을 계획해서 왔다고 하면 면장이 아주 친절하게 동네를 소개할 것이다. 다양한 개발 계획과 주변 생활권에 대한 정보를 자랑스럽게 말해 주는 것은 기본이다.

우체부는 살아 있는 내비게이션이다. 대중교통이 거의 다니지 않는 시골에서 우체부는 만능이라고 할 정도로 능력과 역할이 다양하다.

슈퍼마켓과 미용실은 온 마을 사람들이 드나드는 곳으로 많은 정보와 소문이 오간다. 따라서 슈퍼마켓 사장과 미용실 원장은 동네 정보통이자 메신저다.

특히 손님들과 대화하는 걸 어려워하지 않는 주인이라면 동네 사람들과도 친밀하게 지내서 마을 대소사까지 자세히 알고 있을 가능성이 높다.

누구네가 토지를 급매로 내놨는데 이유가 뭔지, 누구네 토지가 경매로 얼마에 넘어갔다는 말까지 들을 수 있다. 여자들이 긴 시간 머무는 미용실은 동네 돌아가는 이야기가 수없이 오가서 개발 계획과 급매로 나온 토지 정보까지 얻을 수 있다.

컴퓨터와 경매 정보지에서 얻을 수 있는 정보는 방에 가만히 앉아서도 볼 수 있다. 물론 그마저도 찾아보지 않으면 아무 소용이 없지만, 나는 이미 다 공개된 내용 이상의 정보를 얻기 위해 쭈뼛거리지 않고 현지인들에게 다가간다.

성격에 따라 이런 게 어려운 사람이 있을 수 있다. 하지만 어떤 분야든 원치 않아도 나와 맞지 않은 상황을 마주치기 마련이다. 여기서 피하더라도 다른 곳에서 또 만날 가능성이 있다. 하지만 나는 벽이 있다는 이유로 그만두지 않고 어떻게든 벽을 넘고 또 넘었다.

나를 만난 회원이나 지인들은 알겠지만 평상시의 나는 다소 내성적이다. 말수도 적은 편이고 말주변도 그렇게 좋지 않다. 강의도 하고 유튜브도 하지만 달변가라고 하기엔 부족하다. 하지만 '토지 투자'라는 내 전문 분야라면 어렵지 않게 말이 술술 나온다.

물론 사람들을 만나 자연스럽게 말하는 게 처음부터 쉽지는 않았다. 어렵더라도 반복하고 또 반복하다 보니 나만의 노하우가 조금씩

1천만 원이 100억 되는 땅에 투자하라

생기기 시작했다.

내성적인 내가 다양한 사람을 만나면서 나아갈 수 있던 원동력이 무엇일지 생각해 봤다. 토지 투자는 '된다'는 확신이 강했기 때문인 것 같다. 직장인으로만 살았다면 이루기 힘든 꿈을 현실로 만들었고, 투자를 통해 얻은 수익으로 하고 싶은 일이 뚜렷해졌다.

투자 성숙기에 들어서고는 투자는 절대 돈으로만 하는 것이 아니라는 사실을 깨달았다. 그래서 사람을 대하는 일에 보다 진정성 있는 태도를 가지려고 한다. 어느 투자든 사람을 통하지 않고서는 성공할 수 없기 때문이다.

식당 사장님은 고급 정보원

부동산 이슈가 있는 지역을 찾아가면 가장 많이 눈에 띄는 것이 있다. 바로 한 집 건너 있거나 아예 줄지어 있는 부동산 중개업소다. 부동산 이슈가 생기면 한 달 동안 수 개에서 수십 개의 신생 중개업소가 문을 연다.

전북 부안의 경우 2009년 초반까지만 해도 40여 개에 불과했던 부동산 중개업소가 2010년 상반기에는 140여 개까지 생겼다. 거의 한 달에 10개씩 개업한 셈이다. 일부 부동산 중개업소는 군산이나 당진에서 영업하다가 부안으로 이동하기도 했다.

새만금 땅에 관심이 생겨서 군산, 부안, 김제 등 새만금 유망지를 돌아보며 투자처를 고민하고 있을 때였다. 현지에서 영업하는 사람들을 만나 이런저런 이야기를 듣고, 시·군청을 방문해 실제 개발 상황에 대한 조언을 구하기도 했다.

그때 부안군에 급매로 나온 물건 하나를 발견했는데 아주 마음에 들었다. 그러나 선뜻 사지 못했던 이유는 땅의 정확한 시세를 판단하기 힘든 분위기 때문이었다.

그때는 일주일만 지나도 시세가 요동쳤다. 지주들도 땅값이 오르는 낌새가 보이면 바로 매물을 거둬들였다. 눈치 싸움이 심했고 사람들은 하루에도 몇 번씩 결정을 번복했다.

현지 부동산 중개업소에서는 급매물이라고 소개했지만, 시세를 제대로 판단할 수가 없어서 주변 땅보다 저렴하게 매입하는 건지 아닌지 확신이 서지 않았다.

이럴 땐 성급히 결정하면 안 된다고 생각해서 판단을 미뤘다. 일단 복잡한 머리도 식히고 요기라도 하자 싶어서 식당을 찾았다. 바지락 죽으로 유명한 지역이니 바지락죽을 파는 곳에 들어갔다.

늘 그랬듯 식당 사장님께 "요즘 부안은 좀 어때요?"라고 운을 떼웠다. 사투리를 쓰시는 걸로 봐서 사장님은 그곳에 오랫동안 거주한 토박이신 것 같았고, 예상대로 이 지역의 상황을 매우 잘 알고 계셨다.

"안녕하세요. 요즘 부안은 좀 어때요?"

"아주 난리지라. 뭔 놈의 사람들이 그렇게 온당가. 주말만 되면 바빠서 환
장한당께요."

사장님은 반찬을 내려놓으며 고개를 절레절레 흔드셨다. 나는 눈
여겨본 땅에 대해 별생각 없이 가볍게 물어봤다. 그러나 돌아온 대
답이 무척 놀라웠다.

"그 땅 쥔은 부안서 소문난 땅 부자여요. 근디 얼마 전에 서울 사는 자식
이 교통사고가 크게 나부렀어. 죽네 사네 혔다더라고. 그러니 돈이 안 급
하겄소? 그래서 내놓은 모양이요."

현지 주민들이 무심결에 하는 이야기는 부동산 중개업소가 알고
있어도 말하지 않는 고급 정보일 때가 많다. 그렇게 급매가 맞다는
것을 확인하고 당일에 매입했다. 그 땅은 내가 새만금에 투자한 땅
중에서도 지가가 가장 많이 오른 '효자 땅'이 됐다.

모르면 물어보면 된다. 도움이 필요하면 도와 달라고 하면 된다.
나는 궁금증이 풀릴 때까지 많은 것을 물어본다. 수년간 힘들게 모
은 내 돈을 투자하는 건데 귀찮고 두려운 일이 뭐가 있겠나.

낯선 사람과 얘기하는 게 두렵다고 혼자 고민하다가 투자를 하는
건 어리석은 짓이다. 멋쩍은 건 잠깐이고, 투자는 오래 가는 법이니
현지인에게 접근하는 걸 꺼리지 말아야 한다.

몸을 써야 마음이 움직인다

예나 지금이나 농어촌은 외지인에 대한 경계심이 있다. 나이가 지긋한 어르신들은 여전히 '눈 감으면 코 베어간다'며 서울 사람들에게 사기당하거나 손해 볼까 염려하는 마음이 큰 것 같다.

그리고 과거와 달리 농어촌 사람들도 접할 수 있는 정보가 많아진 만큼 이윤에도 밝고 어수룩하지도 않다. 땅 인근만 어슬렁거려도 언제 나타났는지 모르게 나와서 호통을 칠 때도 많다.

"거 뭐요? 왜 남의 땅에서 어슬렁거려요?"

처음엔 어르신들의 호통에 겁이 나서 줄행랑을 쳤지만, 토지 투자를 계속하고 그런 소리를 듣는 게 무섭지 않아지면서 넉살이 좋아졌다.

"아, 예. 안녕하세요. 지나가다가 동네 좀 구경하고 있습니다. 좋은 곳에 사시네요."
"서울 사람이면 서울이 더 좋겠지."
"저는 서울 사람이 아니라 서산 출신이에요. 그래서 저는 어르신께서 살고 계신 이런 동네가 좋더라고요."

그냥 변명하기 위해서 꺼낸 입에 발린 말은 아니었다. 땅을 보러 전국을 방방곡곡 다니다 보니 나는 자연 친화적인 사람이 됐다. 땅이 좋고 나무가 좋고 산과 들이 좋았다. 자연이 아름다운 마을은 땅도 예뻐 보였다.

나중에는 아예 차 트렁크에 장화를 넣고 다니면서 농사를 거들기도 했다. 농사를 지어 본 적은 없지만 잠깐이나마 힘든 일을 도와드리려고 하면 어르신들도 굳이 필요 없다고 마다하진 않으셨다. 처음에는 나를 투명 인간처럼 대하시던 분도 변죽 좋게 말을 건네고 일손을 돕자 경계를 푸셨다.

"막걸리 한잔하지. 젊은 사람이 얼마나 하는지 두고 보려 했는데 힘들다는 소리 한번 안 하고 잘하네. 나는 이 동네 이장이요."

사실 얼마 전 마을 공람회에 왔다가 잠시 인사를 드렸고, 그날 이장님 땅에 일이 있다는 정보를 다른 어르신께 들어서 알고 있었다. 아무튼 이럴 땐 술을 잘 마시지 못해도 고개를 넙죽 숙이며 두 손으로 공손히 잔을 받는다. 그러자 얼굴이 붉어지고 기분이 좋아진 이장님이 은근하게 정보를 흘려 주셨다.

"저기 저 땅 보이지? 길가에 붙은 제일 넓고 잘생긴 땅. 땅 주인이 집에 혼사가 있어서 엊그제 내놨어요. 살 생각 있으면 말하라고."

마을 이장들은 급매물 정보에 빠삭하다. 어느 집 땅이 급매로 나왔는지, 이유가 무엇인지까지 알고 있다. 이장으로부터 들은 정보 덕분에 부동산 중개업소에서는 보지도 못했던 급매물을 잡은 게 한두 번이 아니다. 물론 알짜배기 정보를 듣기 위해서는 어느 정도 유대감을 형성해야 한다.

나는 이장님과 막걸리를 나눠 마시며 도로는 언제 뚫리는지, 땅의 이력은 어떻게 되는지, 혹시 문제가 될 소지는 없는지 등등 숨은 정보를 이것저것 물어봤다.

이장님은 기분이 적당히 좋아지자 알고 있는 정보를 술술 풀어 주셨다. 그런 땅을 보면 마치 막 조리가 끝난 맛있는 음식을 앞에 둔 것처럼 기분이 좋다. 감출 수 없는 미소가 절로 나온다.

돌이켜보면 몸을 움직였을 때 사람들이 마음을 열었다. 번지르르한 말을 쏟아내는 입은 못 믿어도 땀 흘리는 얼굴을 보면 '사기 치려는 서울 놈'처럼 보이지는 않는 모양이다.

나처럼 내성적이고 숫기 없는 사람에게는 말로 설득하는 것보다 몸으로 돕는 편이 더 쉽기도 했다. 어르신들이 어렵사리 마음을 여셨기 때문에 자신감이 생기고 성격도 서서히 바뀐 것 같다.

토지 투자를 시작하기 한참 전, 첫 직장이었던 신문사에 다닐 적에는 내 성격이 이렇게 변할 줄은 꿈에도 몰랐다. 붙임성 있는 성격으로 변한 걸 생각하면 토지 투자가 경제적인 부분 외에도 많은 도움이 된 것 같다.

손편지로 열린 길

나는 땅을 살 때 도로의 중요성을 무수히 강조했다. 만일 도로의 주인이 국가라면 도로 점용 허가를 받거나 수의 계약♀을 맺으면 되지만, 개인의 땅이라면 이야기가 달라진다. 도로 주인을 찾아가 도로 사용승낙서를 얻은 후 보상도 해 줘야 한다.

나는 토지대장을 떼서 주인을 찾은 다음 직접 방문한다. 물론 양손은 무겁게, 입꼬리는 최대한 올리고 간다. 이렇게 찾아가서 단도직입적으로 말하고 좋은 결과를 얻을 때도 많다.

땅을 사고 싶을 때도 마찬가지다. 만약 지주가 땅을 팔 생각을 한 번쯤 해 봤다거나, 이야기나 들어 보자 하는 열린 마음을 가졌다면 문을 두드리고 사정을 얘기했을 때 결과도 좋았다.

하지만 아무리 좋은 조건을 제시했을지라도 지주의 성향에 따라 갑자기 들이닥치는 행동이 무례하게 보일 수도 있다. 땅을 팔 생각을 조금도 한 적이 없다면 속으로 '아니, 이런 미친놈이 갑자기 어디서 나타났어?' 같은 말을 간신히 참을지도 모른다. 이럴 때 무조건 밀어붙이면 험한 소리를 듣고 쫓겨나는 것이다.

그래도 내 입장에서는 지주가 어떤 성향인지 모르니 일단 직접 찾아갈 수밖에 없다. 만일 지주를 만나지 못하는 경우는 손편지를 써

♀ 경쟁이나 경매 입찰을 거치지 않고 거래 상대를 임의로 선택하여 체결하는 계약이다.

서 문틈에 꺼뒀다.

손으로 쓴 편지는 '전문 업자'들이라면 거의 하지 않는 일이다. 시골 농지 주인들은 땅을 사겠다는 사람이 업자다 싶으면 대번에 마음을 닫는다. 나라도 그럴 것 같으니 그 마음은 충분히 이해한다.

그래서 나는 땅을 사고 싶을 때는 개인이라고 소개하고 땅을 매입할 의사가 있다는 말과 함께 연락처를 남긴다. 필체는 좋지 않지만, 한 글자씩 정성을 담아 적어서 성공한 경험이 몇 번 있다.

편지를 10개 보냈다고 치면 반응이 오고 거래까지 이뤄지는 경우가 그중 한두 개가 될까 말까지만 그 정도의 수고를 할 가치가 있다고 생각하기 때문에 기꺼이 쓴다.

그러다 잊을 수 없는 특별한 일도 겪었다. 손편지를 썼지만 정작 다른 방법으로 일이 해결된 사례다. 2014년에 어렵게 매입한 제주 땅 역시 사도를 끼고 있었다. 그래서 사도의 주인에게 손편지를 썼다.

"제가 땅을 사려는데 귀하의 도로가 반드시 필요합니다. 저에게 토지사용승낙서를 써 주신다면 진심으로 감사드리겠습니다. 물론 사례는 톡톡히 하겠습니다."

그러자 지주로부터 연락이 와서 호텔에서 대기하던 중에 부리나케 달려가 사정을 말씀드렸다.

1천만 원이 100억 되는 땅에 투자하라

"경허지 맙서."

"네? 무슨 말씀이신지….".

내가 못 알아듣고 어리둥절한 표정만 지으니 옆에 앉아 계시던 부인이 말씀하셨다.

"그러지 말라네요. 이 양반이 아주 단호해요. 서울 사람들이 여러 번 왔다 갔는데 허락한 적이 없어요. 아무리 큰돈을 준다 해도 듣지 않아요."

아, 나 말고 이미 많은 사람이 거쳐갔다. 순간 풀이 죽었다. 이분은 거절한 경험이 많아서 별 거 아닌 일이었다. 여기서 계속 설득한다고 해도 통할 것 같지 않아서 일단 물러났다. 하지만 마음까지 물러나지는 못하고 다음 날 인근의 부동산 중개업소를 찾아갔다.

"사장님, 혹시 저기 사도 주인과 친한 사람을 아세요?"

"나요. 내가 걔 죽마고우인데 그건 왜?"

뜻밖의 대답이 돌아왔다. 아, 그냥 죽으란 법은 없나 보다! 너무 반가워서 손부터 덥석 잡고 사정을 얘기했다. 그리고 시세보다 웃돈을 얹어 드리겠다는 말과 함께 그분을 설득해 달라고 신신당부했다.

"그놈 고집이 쇠심줄이네. 그 정도 가격이면 내줘도 될 것 같은데…. 가만, 근데 그 친구는 현금에 약해."

드디어 길을 찾았다. 사람은 눈에 보이는 현금에는 마음이 약해지는 면이 있다. 시장 상인들도 현금을 내밀며 조금 깎아 달라고 하면 못 이기는 척 현금을 받고 물건을 저렴하게 내준다.

나도 땅값을 깎고 싶을 때는 은행에서 현금을 찾아와 내밀곤 했는데 이게 제법 효과가 좋았다. 나도 알고 있는 단순한 방법을 잠시 생각하지 못했다.

그렇게 해서 드디어 사도 주인과 가장 친한 친구의 도움으로 토지 사용승낙서를 받아냈다. 이런 경험은 10년 넘게 땅에 투자하면서 처음 겪는 일이었다. 외지인에게 좀처럼 마음을 열지 않는 이렇게 친한 사람을 통해 설득하는 방법도 있다.

결국 친한 지인을 통해 해결했지만 시작은 손편지였다. 사실 손편지는 무시하고 연락을 안 하면 그만이다. 그래도 또 찾아갔겠지만, 그분이 먼저 연락하신 데는 손편지의 영향도 있었을 거란 생각을 한다.

업자들이라면 하지 않는 방법으로 판매 의향을 묻는 개인에게 답은 줘야겠다는 생각이었을 것이다. 이렇듯 답은 늘 현장에 있고, 포기하지만 않으면 생각지도 못한 곳에서 길이 열리기도 한다.

1천만 원이 100억 되는 땅에 투자하라

길에서 보낸 시간

큰 축구 경기가 끝나면 어떤 선수가 몇 경기에 출전해서 총 몇 km 를 뛰었다는 소식을 전하는 기사를 볼 때가 있다. 그런 이야기를 들을 때마다 생각한다. 내가 19년 동안 토지답사를 위해 다닌 길의 동선과 거리, 시간을 측정했다면 어땠을까?

축구 선수가 경기 횟수와 뛰어다닌 거리로 자기 자신을 보여주듯 달려간 거리, 길에서 보낸 시간이 지금의 나를 만들었다.

고속도로, 국도, 지방도, 산길, 들길, 하천길, 논두렁, 밭고랑을 가리지 않고 구석구석 누비다 보니 장화 두 켤레에 운동화 몇 켤레를 차에 싣고 다닌다. 하지만 번갈아 신어도 다 낡아서 버려야 하는 주기가 보통 사람들보다 훨씬 빠르다.

코로나19 팬데믹이 시작되기 전이었던 2019년만 해도 나는 매주 토지답사를 위해 집을 나섰다. 집중적으로 투자했던 부안과 새만금 일대는 수십 차례는 갔을 것이다. 그토록 자주 가는 새만금, 부안이지만 갈 때마다 개발되어 지가가 상승하는 것을 체감하는 순간은 언제나 새롭고 짜릿했다.

눈을 감으면 작은 골목까지 그릴 수 있을 정도로 그 지역의 거리가 세세하게 떠오른다. 새만금에 하도 많이 갔더니 어느 때부턴가 오히려 현지인들이 나에게 새만금에 대한 정보를 묻기도 한다.

"우와! 저는 이 정도면 현지인도 인정하는 국내 최고의 새만금 전문가가 된 건가요?"

내가 웃으면서 말하면 그분들은 조금도 망설이지 않고 전 소장이 대한민국 최고의 새만금 박사라고 치켜세우셨다. 사실 나는 오래전부터 새만금의 미래 가치에 주목하고 투자했기 때문에 스스로도 새만금만큼은 누구보다 잘 알고 있다고 자신한다.

나처럼 노련한 토지 투자 전문가도 투자할 땐 무조건 몇 번이고 현장에 간다. 제주에 좋은 땅이 나왔다는 연락이 오면 먹던 밥숟가락도 놓고 비행기표를 잡은 뒤 신발을 신는다.

현장에 달려가지 않는 단 하나의 예외는 이미 현장에서 충분히 분석하며 탐을 냈던 땅이 나왔다고 연락받은 경우다. 이때는 현장으로 달려가는 대신 바로 계약금을 보낸다.

이렇게 토지답사를 위해 전국을 휘젓고 다니면서 악천후를 만나 고생도 하고 사고를 당하기도 했다. 가장 등골 서늘하게 기억에 남는 일은 양평에 있는 땅을 보러 갔을 때다.

그날도 평소와 다름없이 혼자 토지답사를 갔다. 뒤로 야산이 완만하게 연결된 땅을 보러 가는 도중, 잠시 오르막길에 정차했다. 그런데 다시 올라가려니 갑자기 바퀴가 헛돌기 시작하는 게 아닌가! 게다가 차가 서서히 후진하기 시작했다. 깜짝 놀라서 브레이크를 밟았지만 설마 그대로 더 미끄러져 내려갈 거라곤 생각 못 했다.

1천만 원이 100억 되는 땅에 투자하라

나는 움직이는 차를 그대로 두고 다급하게 몸을 피했다. 움직이는 차에서 내리는 행동도 위험하지만 그대로 차에 있다가는 더 큰 사고가 날 것 같아서 본능적으로 피신할 수밖에 없었다. 차는 내가 내린 후에도 더 내려가다가 가까스로 멈췄다.

차체를 살피려고 뒤쪽으로 갔다가 깜짝 놀랐다. 차가 멈춘 곳은 족히 2m가 넘는 높이의 절벽이었다. 차량 하부가 땅에 걸리고서야 뒷바퀴가 공중에 뜬 채로 멈춘 것이다.

현장에 오지 않았다면, 또 이런 사고가 나지 않았다면 절벽이 있는지도 몰랐을 거다. 견인차 기사가 와서 보더니 어이없다는 듯이 웃었다.

"와! 높지도 않은 곳이라 이런 절벽이 있을 거라곤 생각도 못했는데…. 사장님 오늘 정말 운이 좋으시네요."

좁은 길에서 운전하다가 차가 도랑에 처박혀 함께 탄 회원들과 2시간 동안 고립된 적도 있고, 폭설이 내렸던 2013년에는 회원들과 춘천으로 토지답사를 갔다가 다음날 가까스로 돌아왔다. 2018년에는 홀로 제주에 갔다가 폭설을 만나 5일간 고립되어 거지꼴로 지내다가 돌아오기도 했다.

이럴 때는 차라리 혼자 갔다면 더 머물지 말지 결정하기 쉽다. 하지만 회원들과 함께 갔다면 각자 사정이 있으니 여러 가지를 고려해야 해서 어떻게 할지 결정하는 게 어렵다.

나는 토지답사를 여행이라고 생각했다. 아내와 데이트할 때도, 휴가를 갈 때도 현장답사를 겸하며 함께 했다. 토지답사를 끝내고 인근 여행지에서 쉬다가 다시 그 지역 토지를 살펴보는 식이었다.

내가 서 있는 곳이 어디든 모든 땅은 그 자체로 내 관심사가 된다. 어느 땅이든 허투루 보지 않으니, 어느새 토지답사에 필요한 내공이 겹겹이 쌓였다.

답을 훔쳐봐도 되는 시험

토지답사를 가는 이유는 명확하다. 토지 투자의 정답은 언제나 현장에 있기 때문이다. 나는 토지 투자는 현장에 가서 답을 훔쳐봐도 되는 오픈북 시험이라고 말하고 싶다.

답을 알기 위해서 책을 펼쳐야 하는 것처럼 토지 투자를 제대로 하려면 현장에 가야 한다. 아파트는 평수와 층수, 구조가 딱 정해졌지만 땅은 어느 것 하나 똑같은 모양이 없다. 게다가 주변 환경도 천차만별이다.

길 하나, 다리 하나, 도랑 하나, 분묘 하나, 폐가 하나가 모두 땅의 가치에 지대한 영향을 주므로 사진 몇 장과 남의 말만 믿고 투자했다간 골치 아픈 문제를 떠안을 위험이 있다.

나는 초보 투자자 시절부터 경매 물건을 보러 매번 현장으로 가곤 했지만, 어느날은 거듭된 야근과 개인적인 약속으로 몸이 굉장히 피곤해서 갈지 말지 고민됐다.

입찰하려던 임야는 내가 자주 갔던 지역이라 잘 알고 있기도 해서 토지답사를 생략하려고 했다. 감정 평가서와 현황 설명에 의심할 만한 사항도 없었고, 다 맞는 내용 같았다.

'굳이 갈 필요가 있을까? 이미 가 봤는데 더 본다고 내가 뭘 더 찾아낼 수 있겠어? 피곤한데 가지 말까? 그래도 가야 하나?'

피곤한 몸 때문에 갈등했지만, 사실 입찰일이 얼마 남지 않은 상태라 가기 싫은 마음이 압도적이었다. 그래도 원칙을 어길 수 없어 무거워질 대로 무거운 몸을 이끌고 현장에 도착했더니 경악스러운 광경이 펼쳐졌다.

무성한 풀에 가려져 있던 다섯 개의 묘가 보이는 게 아닌가! 내가 피곤해서 헛것을 봤나 할 정도로 믿기지 않는 광경이었다.

'으, 이게 뭐야? 분명 감정 평가서에 있는 사진에는 묘가 없었는데 다섯 개나 있다고? 말도 안 돼.'

알고 보니 감정 평가서에 있는 사진은 겨울에 찍은 것이었다. 사진에서는 묘가 눈에 파묻혀 보이지 않았지만, 날이 따뜻해지니 눈이 녹아서 묘가 모습을 드러낸 것이다.

지금 이야기하면서도 물에 젖은 솜처럼 무겁디무거운 몸을 이끌고 현장으로 갔던 나를 아낌없이 칭찬하고 싶다. 이후 나는 현장답사를 철칙으로 삼고 아무리 피곤해도 갈지 말지 고민하지 않는다.

이와 비슷하게 겨울을 지나 더운 계절이 오면 꼭 가 봐야 하는 곳이 있다. 이제 웬만한 토지 투자자라면 축사는 피해야 한다는 사실 정도는 알고 있지만, 겨울에는 비교적 멀리 있는 축사에서 나는 냄새를 알지 못하고 넘어갈 때가 있다.

풀만 먹고 사는 소는 그나마 좀 덜해도 잡식성 동물인 돼지와 닭의 축사는 냄새가 어마어마하다. 하지만 겨울에는 냄새가 잘 퍼지지 않는다. 축사가 어느 정도 먼 거리에 있다고 해도 한 번 방문하고 그치는 게 아니라 두세 번 정도 가서 냄새가 나는지 안 나는지 여러 차례 확인해야 한다.

반대로 꼭 겨울에 가 봐야 할 곳도 있다. 나는 겨울에 전원주택지에 가서 해가 얼마나 들고 음지가 어디인지 알아보기 위해 하루 종일 머물며 관찰한 적도 있다.

해가 들지 않고 음지인 길은 눈이 와서 땅이 얼면 차가 올라갈 수 없다. 눈이 왔을 때도 가고, 비가 왔을 때도 가고, 이렇게 두세 번은 가야 땅을 매입하기 전에 문제를 발견할 수 있다.

땅을 사든, 아파트나 건물을 사든 반드시 현장에 가 봐야 한다. 직접 가지 않고 컴퓨터로만 보거나 부동산 중개업소의 말이나 소문만 듣고 땅을 사는 것만큼 위험한 짓은 없다.

내가 현장답사를 수없이 강조해도 '내가 본다고 뭘 알겠어?', '보나 안 보나 똑같지'라고 안일하게 생각하고 매입하는 사람들이 꼭 있다. 현장을 살피지 않고 덜컥 돈부터 내는 투자만큼 무책임하고 어리석은 행동은 없는데 정말 안타깝다. 남의 말을 믿지 말고 자기 눈을 믿어야 한다.

토지답사에서 사라진 회원

그래도 나도 사람인지라 언젠가 현장답사를 게을리하는 날이 올 수도 있다고 생각했다. 그래서 2010년에 개설한 네이버 카페 '대박땅 꾼 부동산연구소'에서 정기적인 토지답사 프로그램을 만들었다.

카페 회원들이 지역, 성별, 나이 구분 없이 많이들 신청하셔서 다양한 분과 만났다. 과거에는 중장년층 남성이 많았다면 한 10여 년 전부터는 연령대가 많이 젊어지고 여성도 많아졌다. 그러다 보니 웃지 못할 에피소드도 더러 생긴다.

토지답사는 보통 토요일과 일요일에 한 장소에 모여서 차 한 대, 사람이 많을 땐 두 대에 나눠서 타고 간다. 그날은 잠실역 주변에 차를 세우고 회원들을 기다리고 있었다.

그런데 저 멀리서 선글라스를 쓰고 우리 쪽을 유심히 바라보는 남성이 있었다. 그쪽에서 여성 회원 한 명이 다가오더니 차에 타기 전에 그 남성을 보며 이제 가라는 손짓을 했다. 그런데도 남성은 가지 않고 계속 쳐다봤다.

오랜 경험을 기반으로 추측하건대, 아내를 생판 모르는 사람들 사이에 껴서 먼 길을 보내려니 뭔가 찜찜해서 차가 떠날 때까지 자리를 뜨지 못하는 남편 같았다. 인터넷 카페 회원들과 땅을 보러 간다는데 어떤 사람들인가 보자, 뭔 일 생기는 건 아니겠지, 하는 마음이 선글라스 너머로 느껴졌다.

한 번은 이런 일도 있었다. 토지답사를 신청한 회원들끼리 차 하나를 타고 갈 예정이었다. 모두 출발지에 모여 차를 탔고, 한 회원은 경부고속도로에 있는 신갈 정류장에서 합류하기로 했다.

거기서 여성 회원 한 분이 탔는데 타자마자 당황한 기색이 역력했다. 30분쯤 달렸을까. 주유를 하기 위해 잠시 휴게소에 들러 각자 볼일을 보고 모두 차에 탔지만, 그분이 보이지 않았다. 좀 더 기다리자고 말하며 대기하던 중, 차에 있던 회원 한 명이 소리쳤다.

"어, 저기!"

그 여성 회원의 뒷모습이 모범택시 안으로 사라졌다. 서둘러 전화를 걸었지만 받지 않았다.

"탈 때부터 죄다 남자들만 앉아 있어서 당황하신 것 같더라고요."

"그럼 말씀이라도 하고 가시지…."

"그러게요. 나 나쁜 사람 아닌데…. 선량하고 안전한 사람인데…."

다들 나와 비슷하게 느낀 모양이었다. 모두 그냥 웃고 말았지만 나는 하루 종일 마음에 걸렸다. 그 회원이 30분 동안 어떤 상상을 했을까 생각하니 안타까웠다. 사실 토지 투자를 하면서 여러모로 의심받는 일은 많았기 때문에 나는 아무렇지 않다.

부동산 투자가 '투기'나 '사기'가 되어 사회적 문제를 일으키는 뉴스를 많이 접하니 색안경을 끼고 보는 경우가 많기 때문이다. 회비도 내고 시간도 내서 가려던 토지답사였을 텐데 오랫동안 별로 좋지 않은 기억을 가졌으리라 생각하니 씁쓸했다.

사실 '땅을 보러 가는 일'은 처음엔 생각보다 어려울 수 있다. 일단 이 상황처럼 모르는 사람들과 같은 차를 타고 종일 함께 움직인다는 게 어떤 사람에겐 부담스러운 일이다.

남성 회원들 사이에 홀로 탄 여성 회원의 마음이 그랬을 것이다. 남성들을 의심한다기보다 그냥 그런 환경이 익숙하지 않은 데서 오는 낯섦이 불편했던 거라고 본다.

하지만 10년 가까이 계속된 토지 투어에서 걱정할 만한 일은 단한 번도 일어나지 않았다. 우리 카페 회원들의 관심사는 '사람'이 아니라 '땅'이었기 때문이다.

'땅을 보러 가는 일'이 어려운 또 하나의 이유는 초보 투자자들은 시간을 내기 어렵기 때문이다. 전업 투자자가 아니면 대부분 평일에는 일을 한다. 그래서 직장인이 주말과 휴일을 이용해서 토지 공부를 하고 답사를 가려면 마음을 단단히 먹어야 한다.

나는 스피드뱅크의 영업직이었으니 첫발을 내딛기 쉬웠지만, 내근직이거나 현장직인 직장인들이 주말에 토지답사를 가기란 쉽지 않다. 주말과 휴일에는 꼭 쉬어야 하는 사람도 있고, 평일에 하지 못한 일들을 해야 하는 경우도 많다.

시간을 내서 현장을 답사하는 사람들이 대단한 것이다. 다만 경험이 없는 초보 투자자라서 무엇을 봐야 할지 잘 모른다. 그들을 위해 나는 토지 투어에서 나침반 보는 법이나 지적도로 땅을 찾는 방법도 알려 주고 있다.

하지만 그걸 배운다고 해도 문제는 또 있다. 부동산 중개업소에 들어가 무작정 땅을 보자고 말하기도 어려운데, 당장 땅을 사지 않으리라는 것을 중개업자가 눈치채면 땅을 보기가 쉽지 않다. 그래서 믿을 만한 토지 투자 전문가와 함께 가는 것이 여러모로 수월하다.

이런 취지에 공감하는 회원들이 토지답사에 모이기 시작했다. 그동안 땅을 보러 다니고 싶었으나 혼자 돌아다니기가 쑥스러웠던 사람들, 토지답사에서 무엇을 봐야 할지 모르는 사람들, 전문가와 답사하고 싶은 사람들이 참여하기 시작했다.

혼자 가는 것보다 많은 현장을 둘러볼 수 있고 시세보다 저렴한

1천만 원이 100억 되는 땅에 투자하라

매물도 접할 수 있다. 현지 중개업소를 통해 현장의 생생한 정보를 들을 수 있다는 이점도 있어서 토지답사 프로그램에 참여하는 발길은 지금도 계속 이어지고 있다.

최후의 카드를 꺼낼 수밖에

농지는 토지에서 절대다수의 면적을 차지하기 때문에 농지를 구매하는 경우가 많다. 그런데 농지를 사려면 '농지취득자격증명원'이라는 것을 발급받아야 한다. 보통 '농취증'이라고도 한다. 이제 막 땅에 관심을 가진 사람에겐 생소할 것이다.

농취증은 말 그대로 농지를 취득할 때 필요한 자격증이라 농사를 짓는 농민이 아니면 발급받지 못하는 게 아닌가 생각할 수 있다. 경매로 땅을 구하려는 초보 투자자들은 '농취증 필요'라는 말을 보면 엄청난 장벽을 만난 것 같다고 한다.

그도 그럴 것이 몇 년 전까지만 해도 도시 사람이 농취증을 받는 건 꽤 까다로웠다. 나도 농지에 투자를 많이 하다 보니 농취증을 받으러 갈 일이 많았는데 서울 사람이라고 하면 투기꾼 취급을 받았다.

"왜 서울분이 여기까지 와서 논을 사시죠? 이사 오세요?"

"출퇴근으로 농사지으실 수 있겠어요? 농기구는 다 갖고 계신 거죠?"

나를 투기꾼이라 생각한 공무원으로부터 은근슬쩍 비꼬는 질문을 받을 때도 있으며, 모든 조건을 충족해야 농취증 발급을 해 줬다.

한 번은 이런 일도 있었다. 2008년에 새만금의 농지를 경매로 낙찰받고 기분 좋게 농취증을 받으러 갔다. 그런데 담당자가 내 서류를 보더니 공유 지분이기 때문에 농취증을 발급해 줄 수 없다고 했다.

"아니, 그럼 저와 같이 공유 지분을 갖고 계신 분들이 모두 농취증을 안 가지고 계신단 말인가요?"

"그건 제가 모르겠지만 아무튼 안 됩니다."

"농지인데 다들 가지고 있겠죠. 왜 저만 안 되는 거죠?"

"젊은 분이 여기 와서 진짜 농사짓는 게 아니잖습니까?"

"이건 농지를 취득하는 자격을 말하는 거고 농사는 다른 문제죠. 모든 지주가 다 자기 땅에 직접 농사짓는 건 아니잖습니까? 누가 농사를 짓든 농지를 쉬게 두지만 않으면 될 텐데요. 그건 또 제가 알아서 할 일이고요."

30여 분이나 언쟁했지만 말이 안 통했다. 도저히 안 되겠다 싶어서 나는 한 번도 쓴 적이 없는 카드를 쓰기로 했다. 담당자 앞에서 바로 농림축산식품부 농취증 담당 직원에게 전화를 걸었다.

이래저래 사정을 설명하니까 직원이 면사무소 담당자를 바꾸라고 하더니 왜 빨리 안 해 주냐고 내 편을 들었다. 그러자 면사무소 직원은 바로 태도를 바꿔 빠르게 농취증을 발급해 줬다.

"올해부터 농지법이 완화되어 농지 소유를 장려하는 것으로 알고 왔는데. 공유 지분이라 안 된다고 하시니 저도 답답해서 이런 방법을 썼습니다. 담당자님께 개인적인 감정은 없습니다."

지금은 정부가 지방 활성화 정책을 펴면서 도시 사람들도 지방의 농지를 쉽게 살 수 있고, 농취증 발급 요건도 예전보다 완화되었다.

사실 하위 기관에서는 잘 모르거나 까다로우면 책임을 지지 않으려고 무조건 안 된다고 하는 경향이 있다. 그래서 이런 문제가 생기면 상위 기관에 얘기해서 해결하는 게 빠르다. 담당자도 빨리 농취증을 발급해서 민원인을 보내는 편이 속 편할지도 모른다.

농취증은 원래 접수에서 발급까지 3~4일이 걸린다. 이 땅을 직접 농지로 쓰고 있는지 담당자가 실사해야 하기 때문이다. 외지인 투자자로서는 농취증 때문에 두 번씩이나 오가는 건 번거롭다.

사실 공무원도 대부분의 신청자가 외지인이라는 걸 알기 때문에 당일에 발급해서 편의를 봐주는 경우가 많다. 하지만 어디든 정석대로 기일을 정확히 지켜 발급해 주려는 사람이 있는 법이다.

사실 원칙대로 하는 걸 뭐라고 할 수는 없다. 이런 경우에는 억지를 부리지 않고 사정하는 게 좋다. 아침 일찍 나가서 면사무소가 문을 열기 전부터 지키고 있다가 읍소하는 것이다.

"오후 늦게라도 괜찮으니 꼭 오늘 중으로만 발급받도록 도와주십시오.

재촉해서 죄송합니다. 꼭 좀 부탁드리겠습니다."

이런 식으로 겸손하게 요청하면 대개는 통한다. 보통 법무사 관계자와 읍·면사무소 직원은 친하므로 법무사에게 대행을 요청해서 문제를 쉽게 해결하는 방법도 있다. 비용이 좀 들지만 내가 직접 했을 때 드는 시간과 비용을 생각하면 가성비 있는 방법이다.

토지 투자를 시작하면 토지와 관련된 문서를 발급받거나 처리하기 위해 관계 기관을 자주 드나든다. 그 과정에서 본의 아니게 공무원과 마찰이 생기기도 하는데 되도록 그런 일은 피하는 게 좋다.

어쨌든 발급을 결정하는 쪽은 기관이고 아쉬운 건 나이기 때문이다. 어떤 일로 그 담당자에게 다시 가야 할지 모른다. 한 지역에 집중적으로 투자하면 다시 마주칠 가능성이 높다.

거기다 달라진 제도나 관계 법령들을 잘 알아 두는 것도 중요하다. 그래야 문제가 생겼을 때 상위 기관에 전화할 용기도 생긴다.

투자자와 투기꾼의 차이

우리 집 거실 한 면에는 바닥에서 천장까지 꽉 채운 책장이 있다. 집을 지으며 거실을 디자인할 때 이 책장을 최우선으로 고려했다.

토지에 투자한 20년 동안 읽고 공부한 책이 많다. 그 책들을 그냥 한쪽에 쌓아두는 게 아니라 찾아보기 쉽게 정리해서 꽂아 두고 싶었다. 책장 앞에는 테이블을 둬서 공부하기 좋게 만들었다.

나는 지금도 토지 투자를 공부한다. 20년 동안 투자하고도 아직 공부할 게 남았냐고 묻는다면 그렇다. 시대의 흐름과 변화, 개발 계획이나 정책의 방향, 달라지는 법령과 제도, 사람들의 생활 방식 등 사회와 경제를 계속 관심 있게 지켜보며 공부해야 한다.

과거에 비하면 직장인을 비롯한 여타 직업군에서도 땅에 투자해야겠다고 생각하는 사람이 많아졌다. 이런 사람들이 무작정 땅을 찾아다니지는 않을 것이다.

도대체 '땅'이 무엇인지, 주변에서 땅에 투자해 돈을 번 사람들이 있는지, 어떤 땅에 투자해야 높은 수익을 얻을 수 있는지, 땅에 투자할 때 조심할 점은 없는지 궁금한 사항을 알아보면서 토지 시장에 접근할 것이다.

그런데 생각보다 아무런 고민 없이 주변의 사탕발림에 넘어가 기획부동산이 소개한 땅에 투자하거나 가치가 없는 땅에 투자하는 사람이 많아서 놀랐다.

사고 난 뒤에 '사기당했다', '당신 말만 믿고 했는데 나한테 이럴 수가 있냐'며 후회한들 아무 소용이 없다. 스스로 공부하고 알아봤다면 충분히 막을 수 있는 일이다.

인지심리학자인 아주대 김경일 교수는 뇌에서 판단하는 투자와 투기의 차이는 게임과 도박의 차이와 같다고 말한다. 게임은 과정의 즐거움이 있지만 도박은 과정의 즐거움은 없고 초조하게 결과에만 집착한다.

투자는 투자 대상을 '알아간다'는 즐거움이 있어서 투자를 지속하는 힘이 생기는 반면, 투자 대상을 알아가는 보람 없이 돈만 좇는 건 도박이며 투기라는 것이다. 다시 말해 자신은 투자라고 생각해도 공부 없이 투자하고 있다면 투기나 마찬가지라는 의미다.

나도 공감하는 바다. 부동산이든 주식이든 투기를 통해 운 좋게 큰돈을 번 소수의 사람은 다른 이에게 할 말이 별로 없다. 돈을 벌기 위해 공부한 과정이나 이야깃거리가 없기 때문이다. 뭔가 알더라도 얕게 알기 때문에 곧 밑천이 드러난다.

투자를 위한 공부는 '돈 버는 방법'이라고만 할 수 없다. 토지 투자만 하더라도 땅을 사기 위해서는 그 지역의 역사나 특성부터 정부 정책, 관련 제도나 법령까지 공부해야 한다.

투자에는 하수, 중수, 고수가 있다. 토지 투자에서 이익을 얻기 위해서는 하수는 중수가, 중수는 고수가 될 만큼의 노력과 실천, 경험 그리고 끊임없는 탐구라는 기초적인 방법을 택하는 수밖에 없다. 수월한 길, 지름길은 없다.

그중에서도 가장 중요한 건 능동적인 태도다. 전문가를 만나면 꼼꼼하고 깊게 질문하고, 주말에는 현장을 누벼야 좋은 땅을 구분하는 안목이 생기고, 실패를 줄일 수 있는 내공이 생긴다.

나도 초보 투자자 시절에는 매일 막막함을 느꼈다. 경매에 올라온 땅들은 모양도 천차만별, 문제도 가지가지라 결정을 내리지 못하고 멍하게 있을 때가 많았다. 그래서 많은 책을 읽고 경매 학원에 다니며 경매 사이트와 부동산 카페에서 살았다.

다양한 토지 투자 전문가들이 알려주는 정보 가운데 필요한 것을 취하며 머릿속에 많은 자료를 축적했다. 또한 토지 관련 법규의 기본 지식을 갖추는 데 많은 시간을 할애했다.

하지만 토지 투자는 이론만으로 잘할 수 있는 것도 아니고 경험만으로 통하는 것도 아니다. 현장을 자주 둘러보고 서류를 검토하면서 땅의 미래를 예측할 수 있는 능력을 차근차근 키워야 한다. '부동산은 발로 사라'는 말을 절대적으로 신봉하며 직접 찾아가 보고 내 발로 땅을 밟으면서 현장에서 배운 게 가장 큰 공부가 됐다.

그래서 초보 투자자 시기를 잘 보내야 한다. 투자 경험이 전혀 없는 상태일 때 앞으로 이어갈 투자 인생을 위한 출발선에 섰다고 생각하고, 기본을 잘 배우며 현장에 충실해야 한다.

이 시기를 어영부영 지나치면 문제가 일어난다. 자기 경험만 맹신하면 아집이 강해질 확률이 높다. 고정관념이나 편견이 생기기 전에 제대로 공부해서 투자 원칙을 세우는 것이 좋다.

토지 투자 공부를 할 수 있는 방법은 다양하다. 우선 초보자를 위한 토지 투자 책을 사서 읽는 것이 좋다. 나는 여전히 토지 투자에 관한 책이 나오면 꼭 사서 읽는다.

나는 지금까지 13권의 책을 썼다. 토지 투자에 대해 아무것도 모르는 초보가 한 권만 골라 읽고 싶다고 하면 〈토지투자 무작정 따라하기〉를 추천하고 싶다.

그밖에 토지 투자를 체계적으로 배울 수 있는 세미나, 강연, 강좌를 듣는 걸 권하고 싶다. 수많은 토지 투자 경험이 있는 전문가의 이야기는 생생한 배움이 된다.

내가 주기적으로 진행하는 강의에 참석하는 회원 중 대다수는 향후 토지 투자를 목적으로 공부하는 사람들이다. 함께 배우고 궁금한 것을 질문하고, 함께 토지답사도 가면서 서로에게 힘이 되어 준다.

실제로 낙찰받지 않더라도 경매 사이트를 통해 물건을 뽑아 보며 모의 투자를 하거나, 시간이 나면 법원에 가서 경매 과정을 구경하는 것도 정말 필요한 일이다. 입찰가만 써넣지 않을 뿐 모든 과정을 실전이라 생각하고 진행한 뒤에 서류를 봉투에 넣고 제출하면 좋다.

나도 처음엔 대법원 사이트나 경매 사이트에서 경매로 나온 물건의 정보를 읽는 능력을 기르고, 경매 과정을 파악해서 실전 경매를 구경하고, 모의 투자를 하는 것으로 투자 실력을 쌓았다.

신문사 사이트와 일부 포털 사이트에 있는 무료 경매 정보도 유심히 봤고, 경매 컨설팅 업체가 만든 배포용 경매 정보지도 꼼꼼히 봤다. 의외로 알짜배기 물건을 찾을 수 있다.

유료 경매 정보 사이트는 매달 혹은 횟수에 따라 열람할 수 있고, 초보자도 편하게 볼 수 있으며, 대출과 컨설팅도 연계되어서 여러 도움을 받을 수 있다. 무엇보다 아무것도 모르는 초보들에게는 위험

요소가 조금이나마 걸러진 물건을 볼 수 있다는 게 강점이다.

아직 투자할지 말지 고민하는 사람이라면 유료 사이트는 부담스러울 수 있으므로 일단 무료 사이트나 일간지를 보는 것부터 시작하면 좋다.

또한 기회가 닿는 대로 현장에 가서 여러 지역의 땅을 세밀히 관찰하고 관련 서류와 땅의 장래성을 분석하는 훈련도 필요하다. 여러 땅을 보면 좋은 땅에는 공통점이 있다는 것을 깨닫는데 그게 바로 '알아가는 즐거움', 곧 투자자로서 내공을 쌓아가는 것이다.

나를 성장시킨 세 명의 스승님

"누군데 저렇게 열심히 공부할까?"

강의실 안에 유난히 눈에 띄는 젊은이가 있었다고 하셨다. 50대 이상의 중년들 틈에 딱 버티고 앉은 20대 청년을 인상적으로 보지 않을 수 없다고 하셨다. 명지토지개발아카데미 이종실 교수님의 말씀이다.

내게는 성장에 도움을 주신 스승님이 세 분 있다. 그중 이종실 교수님과의 인연은 내가 도로가 있지만 건축이 안 되는 땅을 구입해서 문제가 심각했을 때 시작됐다. 조언을 해 줄 전문가를 찾다가 이

종실 교수님께 컨설팅을 의뢰하게 됐다.

그런데 알고 보니 이 교수님이 '맹지 전문가'셨다. 없는 길을 만들고 건축이 어려운 땅을 건축 가능하게 만드는 대단한 분이었으니 제대로 찾아간 것이다. 교수님의 도움 덕분에 나는 문제의 땅을 맹지에서 탈출시킬 수 있었다.

이후 교수님의 강좌를 수강하면서 고수들의 맹지 투자법을 많이 배웠다. 이 방법들을 하나둘 활용하기 시작하면서 맹지를 두려워하지 않고 투자할 수 있게 됐다.

수업 중에 궁금한 부분이 생기면 수업이 끝난 후에 교수님을 붙잡고 여쭤봤다. 좀 귀찮으시지 않았을까 생각했지만 내가 토지 투자 전문가가 되어 보니 열심히 배우려는 사람에겐 더 많은 것을 알려주고 싶다. 그때의 교수님도 그런 심정이시지 않았을까.

경매에만 집중하던 투자 초기에는 부동산 경매 전문가였던 정희섭 교수님으로부터 경매를 배웠다. 정 교수님은 수천 건의 경매 물건을 분석하며 쌓은 실무 경험을 바탕으로 강의하고 계셨다. 대부분의 경매 교재가 실제 강의 내용과는 달라서 별개의 참고 교재로 머무는 것과 다르게 정 교수님의 책은 실전 그 자체였다.

그때 나는 조금이라도 저렴한 매물을 찾기 위해 경매 사이트에 수시로 들어갔고, 주말과 휴일에는 정 교수님의 실전 경매 강의를 듣는 데 집중했다.

이때 정 교수님이 강조하셨던 말은 무작정 좋은 물건만 탐하지 말고 편한 신발을 구하라는 것이었다. 발품을 많이 팔아야 좋은 물건을 구할 수 있다는 의미다.

정 교수님은 강의뿐만 아니라 경매에 올라온 물건을 답사하는 과정을 통해 꾸준히 실전을 교육하셨다. 살펴볼 땅을 중심으로 코스를 짜고 관련 정보를 프린트해서 회원들에게 나눠주시기도 했다.

나는 그때 현장답사에 열심히 참석한 수강생이었다. 그러다가 운 좋게 정 교수님의 일을 보조하는 조교로 들어가 가까이에서 더 많은 것을 배울 기회를 얻었다.

자료를 검색하고 정리하면서 짧았던 식견을 조금씩 늘려 나가고, 현장에서 교수님 대신 그날 답사할 토지에 대해 브리핑하거나 짧은 강의를 하기 시작했다.

마지막으로 소개할 스승님은 현재 '농지114'의 대표로 계신 김영남 교수님이다. 스피드뱅크에서 전 직원이 들을 수 있는 토지 투자 강의를 준비한 적이 있는데, 그때 강사로 오셔서 인연이 시작됐다.

김 교수님은 20여 년간 공무원 생활을 하고 퇴직한 농지 전문가이신데, 나는 그때 막 토지에 관심을 두기 시작한 상태였다. 그때 들은 농지법 강의로 인연을 맺어 많은 것을 배웠다.

김 교수님은 건축이 안 되는 농림 지역에 농장을 구축하는 방법, 계획 관리 지역에서나 가능한 식당을 생산 관리 지역에 열 수 있는 방법 등 보통은 알 수 없는 방법을 알려 주셨다.

나는 이 세 분의 스승님을 통해 성장했다. 내가 오래도록 현장에서 뛰는 토지 투자 전문가로 남을 수 있도록 든든한 기둥 역할을 해 주신 분들에게는 감사한 마음뿐이다.

늘 제대로 공부해서 하는 투자, 욕심을 내지 않고 분수를 지키는 투자, 포기하지 않는 투자를 할 수 있도록 조언과 격려를 아낌없이 주신 것에 감사하다. 이분들이 아니었다면 나는 오래도록 시행착오를 겪었을지도 모른다.

이처럼 토지를 처음 접하는 투자자는 전문가의 지식을 적극 활용하라고 권하고 싶다. 물론 기본적인 공부는 스스로 해야 하지만, 땅은 아파트처럼 정형화되어 있지 않기 때문에 공부해도 자신이 원하는 땅을 찾는 게 간단치 않다.

투자하고 싶은 지역도 정해야 하고 해당 지역의 적정한 땅값이 어느 선인지, 거품이 낀 건 아닌지, 아직 저평가된 곳인지 구분해야 한다. 또 땅을 매입한 후에 어떤 건축물이 들어설 수 있는지, 어떤 용도로 써야 하는지도 알아야 한다.

자신에게 맞는 토지 투자 전문가를 찾는다면 토지 투자자로서의 성장은 물론, 혼자 했을 때보다 좋은 경험을 훨씬 많이 할 수 있다.

토지 투자에서 1,000만 원은 소액이라고 하지만 사실 결코 적은 돈이 아니다. 하고 싶은 것을 참아서 모은 소중한 돈으로 투자하는 건데, 적당히 투자하고 싶은 사람은 없을 것이다.

그래서 책이나 강의를 통한 독학도 필요하고, 현장답사도 필요하고, 내가 보지 못한 것을 봐 주는 전문가도 필요하다.

나를 믿은 투자자의 대박 사례

나는 세 스승님의 지도를 받아 공부하고 발로 뛰면서 나를 증명하는 일에 힘썼다. 한편 '대박땅꾼'이란 토지 투자 전문가로서 내가 가진 토지 투자 지식을 나누는 일도 게을리하지 않았다.

2010년에는 투자에 관심이 있는 사람들을 위한 인터넷 카페를 개설했고, 인터넷에서 '토지뉴스'를 발행하기도 했다. 그리고 토지 투자에 도전하려는 사람들을 위한 실전 투자서를 준비해 한 권씩 출판하면서 토지 투자 전문가로서의 인지도와 신뢰도를 쌓아 올렸다.

그러다 보니 나를 신뢰하며 내가 가진 지식을 적극 활용했던 투자자도 생겼다. 2018년에 나는 서울-세종 간 고속도로가 건설되면 안성시 보개면 일대에 호재로 작용하리라 생각하고 안성으로 토지답사를 다녔다.

나는 한 투자자에게 보개면에 있는 감정가 1억짜리 땅을 추천했다. 그분은 크게 따지지 않고 매입했고, 3년 후 서울-세종 간 고속도로인 보개 IC가 생기면서 지가가 3억으로 뛰었다. 3년 만에 무려 3배나 뛴 것이다.

땅은 '투자 기간이 길다, 환금성이 좋지 않다'는 편견을 가진 사람이 많은데, 중장기적 투자를 해야 하는 건 맞지만 호재만 잘 만나면 이처럼 단기간에 값이 훌쩍 뛰기도 한다.

보통 5~10년을 봐야 한다고 말하지만 호재가 분명한 땅은 2~3년만 지나도 가격이 크게 뛰고 환금성도 좋다. 이런 사례가 드물지 않고 꽤 빈번하게 일어난다.

지금까지 수많은 사람을 만나 컨설팅을 하면서 여러 투자자에게 땅을 소개하고 수익을 안겨 줬지만 고맙다는 말은 들은 적이 거의 없다. 원래 그런 전화는 잘 오지 않는다.

사람의 심리란 수익이 나면 내가 투자를 잘했기 때문이라고 생각한다. 틀린 말은 아니다. 최종적으로 투자 여부를 결정하는 건 투자자 본인이기 때문이다. 그래서 아예 고맙다는 말을 들을 거라는 생각을 안 하는데 어느 날 그분으로부터 전화가 왔다.

"소장님 덕분에 좋은 땅을 샀어요. 정말 감사합니다."

그분은 그것만으로는 부족하다고 생각했는지 여러 차례 값비싼 선물을 보냈다. 내 안목이 제대로 적중하기만 해도 짜릿한데, 거기다 고마움을 표현하는 분까지 계시니 더욱 뿌듯했다.

물론 나 역시 투자자이므로 3년에 지가가 3배로 뛴 땅에 대한 아쉬움이 아예 없었다고 말할 수는 없다. 솔직히 내가 샀더라면 하는 생각도 잠시 했지만 금방 털어냈다.

돌이켜보면 그 투자자는 그런 복을 받을 만한 분이었다. 강의를 들으러 부산에서 서울까지 오셨는데 내가 기억하는 것만 다섯 차례 이상이었던 것 같다. 수강료를 적지 않게 쓰며 공부하시고 내게 투자 컨설팅까지 의뢰하셨다.

물론 2억 이상의 수익을 생각하면 모든 비용이 저렴하게 느껴질 수 있지만 정확한 투자 결과는 아무도 모른다. 충분한 분석을 거쳐 어느 정도 오를 것이라 예상은 할 수 있지만 짧은 시간에 이렇게 크게 오를 거라고 생각 못 한다.

이런 사례는 내가 전문성을 증명한 소중한 데이터로 쌓인다. 나는 토지 투자 컨설턴트이기 전에 전업 투자자이기 때문에 직접 투자해서 전문성을 쌓기도 하지만, 많은 사람을 상담하면서 일종의 간접 투자를 하는 식으로 많은 노하우를 쌓았다.

나는 지역 부동산 중개업소와 친밀감을 형성한 상태이므로 일반인보다 좋은 물건을 확보하기 쉽다. 그래서 투자자에게 맞는 땅을 쉽게 찾아줄 수 있다.

또 투자자가 매수나 매도를 고민할 때 적절한 조언을 해 줄 수도 있다. 나 같은 토지 투자 전문가를 활용하면 홀로 뛰는 것보다 시간을 단축하면서 좋은 결과도 얻을 수 있다.

나 역시 지금도 경매 컨설턴트를 이용한다. 경매 사이트에서 물건을 일일이 검색할 시간이 없기 때문에 경매 컨설턴트에게 의뢰하는 것이다. 경매 컨설턴트가 1~2주에 한 번씩 좋은 물건을 찾아서 문자 메시지로 알려 준다.

이때 탐나는 물건을 발견했는데 정말 시간이 없어서 입찰하기 어려운 상황이라면 입찰부터 낙찰까지 경매 컨설턴트에게 맡긴다. 그러면 감정가 1억 원짜리 땅을 낙찰받고 감정가의 2% 혹은 3%를 원스톱 서비스 비용으로 지불하면 된다.

나는 형편이 허락한다면 초보 투자자에게도 컨설팅 업체를 이용하라고 권한다. 비용은 들지만 좀 더 확실하고 안전한 투자를 할 수 있고, 안목을 기르는 데 도움이 되기 때문이다.

토지 투자의 파트너

"와, 은규야! 넌 방이 이게 다 뭐냐?"

지인들은 내 방에 들어오면 깜짝 놀란다. 토지 투자를 본격적으로 시작하고 방 벽면 전체를 지도로 도배했기 때문이다. 자나 깨나 땅 생각을 하다 보니 아예 토지 투자에 필요한 지도를 다 벽에 붙여 버렸다. 지도책을 펼치는 번거로움도 없고 바로 살필 수 있으니 편했다.

20대 후반부터는 토지 투자를 위해 불필요한 지출을 많이 줄이려고 노력했다. 토지 투자로 수익이 나기 전에는 종잣돈도 모아야 하고 대출도 갚아 나가야 했기 때문이다. 그래도 아끼지 않는 비용이 몇 가지 있는데 그중 하나가 지도값이다.

"야, 이건 또 뭐야? 지도책에 깔리겠다. 부피도 무게도 장난 아닌데."

지인들은 벽에 붙은 지도를 보고 놀랐다가 바닥에 지번도♀가 쌓여 있는 것까지 보면 입을 다물지 못했다. 지번도는 당진이면 당진, 군산이면 군산, 이렇게 지역별로 한 권씩 두껍고 크게 나온다. 때로는 날카로운 질문을 던지는 사람도 있다.

"근데 한 지역에 한 권이 아니네. 뭐가 달라?"

"지번도는 5년마다 새로 나와. 도로가 새로 나는 식으로 변화가 생길 때 그 내용들이 업데이트되는 거야. 그래서 관심 있는 지역은 또 사는 거지."

5년 전 지번도에는 자연녹지였던 땅이 새로 나온 지번도에서는 제1종 주거 지역으로 바뀌기도 하고, 5년 전 지번도에는 도로가 없는 맹지였던 곳이 도로가 뚫린 땅으로 변하기도 한다.

그래서 5년 전 지번도와 최근 업데이트된 지번도를 비교하면 앞으로 5년 후엔 어디에 길이 생길지, 어느 땅이 투자가 용이한 땅으로 정상화될지 유추할 수 있다. 이게 지번도를 보는 가장 큰 이유다.

"이 지도들 가격도 좀 있어 보인다. 얼마나 해?"

"이 지번도는 한 권에 30만 원쯤."

"그럼 이게 다 수백만 원어치네. 꼭 이렇게 사야 하는 거냐?"

♀ 어떤 지역 안에 있는 토지의 지번을 밝혀 그린 도면이다.

이런 질문을 던지는 사람이 한 명은 있기 마련이다. 나는 수천만 원짜리 땅을 사면서 이 정도 투자는 당연하다고 생각한다. 더군다나 본격적으로 토지 투자자의 길로 들어섰는데 지도값을 아까워하는 건 말이 안 된다.

그러나 초보 투자자에게는 지도에 드는 비용마저 아까울 수 있다. 나도 처음에는 돈이 없어서 개발 계획도만 샀다. 부동산 중개업소에 가면 벽에 붙여 놓은 전지 크기의 지도가 바로 개발 계획도인데, 3만 원 정도라 사회초년생에게도 부담되지 않는다.

이런 큰 지도를 사서 붙일 곳이 마땅치 않으면 천장에 붙이면 된다. 자려고 누워서 불을 끄기 전에 한참 동안 지도를 보는 건 내가 잠들기 전에 필수적으로 거치는 의식이었다.

처음 당구를 배워 재미를 붙인 사람이 누워서 눈을 감으면 당구대가 보인다고 하는 것처럼, 불을 끄고 누워 어느 한 지역을 떠올리면 머릿속에 지도가 훤히 그려졌다. 길은 어떻게 났는지 그려 보라고 해도 그릴 수 있을 정도였다.

요즘은 인터넷 지도가 보기 편하게 잘 나와서 구하고자 하는 정보가 있는 지도를 골라 보면 된다. 나는 카카오맵, 디스코, 토지이음을 중심으로 골고루 이용한다. 부득이할 때는 스마트폰으로 보지만 웬만해서는 데스크톱이나 노트북, 적어도 태블릿PC로 본다.

내가 카카오맵을 가장 좋아하는 이유는 '스카이뷰'에 커서를 갖다 대면 그 지역이 어떻게 변화했는지 한눈에 볼 수 있는 위성 사진 데

1천만 원이 100억 되는 땅에 투자하라

이터가 최대 8년 치나 있기 때문이다. 한 해씩 클릭하면서 특정 지역이 어떤 변화를 맞았는지 보는 일이 참 흥미롭다.

특히 새롭게 건설된 신도시들의 변천 과정이 흥미롭다. 논과 밭 위에 개발 계획선이 그려진 과거 사진을 보다가 최근 사진을 보면 개발 계획선 그대로 도로가 뚫리고 주거 지역에는 아파트가 질서 있게 들어선 것도 보인다. 이런 변화 과정을 보며 앞으로 이 도시가 어떻게 확장될지 상상해서 투자에 참고한다.

'디스코'는 내 시간을 아낄 수 있게 만든 기특한 지도로, 내가 보는 땅이나 건물 주변의 거래 내역이 다 뜬다. 사려는 땅 주변은 가격이 어떻게 형성되어 있는지, 평당 단가는 얼마인지 알 수 있다. 10~20년 전이라면 현지 부동산 중개업소에 일일이 물어봐야 했던 내용을 알려 주는 것이다.

디스코 대표님이 나를 찾아와 이 지도를 소개했을 때는 정말 엎드려 절이라도 하고 싶었다. 굉장히 귀찮은 작업이었을 텐데 편안하게 투자할 수 있도록 지도의 수준을 크게 올려 주셨다.

그리고 국가에서도 정말 고마운 일을 해 줬다. 국토교통부가 만든 '토지이음'은 토지이용규제정보시스템으로, 전국의 토지 정보를 볼 수 있다. 여기서 토지이용계획확인서[*]를 열람하는 건 토지 투자자라

---

[*] 토지이용규제기본법에 따라 필지별로 지역·지구 등의 지정 내용과 행위 제한 등 토지 이용 관련 정보를 확인하는 서류를 말한다.

하남미사지구

2012년   2015년   2021년

당진 수청지구

2012년   2021년

평택 고덕 신도시

2012년   2021년

김포 신도시

2008년　　　　　　　　　　　2021년

판교 신도시

2008년　　　　　　　　　　　2021년

동탄2기 신도시

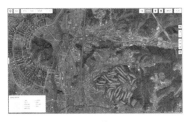 

2008년　　　　　　　　　　　2021년

면 꼭 해야 하는 중요한 일이다.

우리나라 토지는 생각보다 여러 용도로 구분되고, 용도와 지역에 따라 건축 제한 사항이 다르다. 토지이용계획확인서에는 이런 정보들이 다 포함되어 있다.

웬만한 정보가 디스코 같은 지도에 다 있지만 지역·지구 지정은 볼 수 없다. 만약 내가 눈여겨보는 땅이 다른 지도에서 자연 녹지로 나오면 '건폐율♥이 20%밖에 안 되겠구나'하며 지나치기 십상이다.

하지만 토지이용계획확인서를 확인하면 확실한 지구 지정을 볼 수 있다. 자연 녹지도 취락 지구라면 건폐율이 60%까지 가기 때문에 평범한 자연 녹지가 아니라 거의 주거지급이라고 할 수 있다.

초보 투자자는 물론이고 경험이 있는 투자자들도 이런 것까지 꼼꼼히 확인하지 않는 경우가 비일비재하다. 땅의 가치가 3배로 올라가는지도 모르고 놓치는 일은 없어야 하지 않겠는가. 그러니 여러 지도를 열심히 봐야 한다.

내게 지도 보기는 정말 오래된 취미다. 디지털 지도 서비스의 발달로 나는 취미에 더 몰입하고, 토지 투자에서도 시간과 비용을 많이 절약할 수 있게 됐다.

언제 어디서든 지도를 볼 수 있다는 건 토자 투자자에게는 날개

♥ 건설 부지에서 건축물이 차지하는 땅의 비율을 말한다. 건폐율이 높다는 것은 건물을 더 넓게 지을 수 있다는 뜻이므로 토지의 가격에도 좋은 영향을 미친다.

가 생긴 거나 다름없다. 하지만 그렇다고 나와 오랜 세월을 함께했던 지적도와 개발 계획도를 홀대하지는 않는다. 종이 지도는 여전히 나의 소중한 파트너들이다.

Chapter 3.

투자 정보는 굴러들어 오지 않는다

1   투기꾼이 아닌 투자자가 되려면 무조건 공부하라.

2   토지 정보를 최대한 모아라.

3   땅의 해답지인 현장 답사 없이 투자하지 말라.

4   땅을 지배하고 싶으면 지도를 사랑하라.

5   전문가를 멘토로 모셔라.

6   고급정보 제공자인 현지인과 교류하라.

7   지주의 마음을 터치하라.

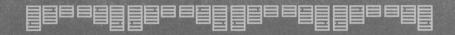

Chapter 4.

쓰디쓴 투자 실패로부터 얻은 교훈

백전백승은 없다

투자하는 족족 성공한다면 얼마나 좋을까? 하지만 백전백승의 투자는 불가능에 가까우며 실패는 항상 성공 옆을 따라다니며 기분 나쁜 미소를 지은 채 우리를 시험한다.

시험이라고 말하는 이유는 투자할 때 조금만 주의를 기울여도 실패가 짓는 미소의 의미를 알아차리고 다가오는 리스크를 피할 수 있기 때문이다.

그러므로 우리는 꾸준히 공부하고 토지 투자 정보를 업데이트해서 실패가 짓는 미소에 넘어가지 말아야 한다. 전부 성공하는 건 불가능에 가깝더라도, 실패 확률을 최소한으로 줄여야 하지 않겠는가.

삽 한 자루를 싣고 다니는 이유

철칙대로 현장답사를 갔는데도 낭패를 당한 적이 있다. 2007년 전북 부안군 계화면에 있는 땅을 경매로 낙찰받았던 때다. 도시 내 주거 지역에 있는 땅이었는데 주변이 향후 상업 지역이 될 가능성이 높았다. 땅 위에 단층 건물이 한 채 있었지만, 감정가 1억 원에 경매가 5,000만 원으로 나온 게 여러모로 마음에 들어 과감히 투자했다.

그런데 낙찰받고 건물 청소를 하려고 보니 현장답사를 했을 때는 보지 못한 맨홀 뚜껑이 있는 게 아닌가. 뭘까 싶어서 뚜껑을 들어 올렸는데 열자마자 엄청난 악취가 솟구쳤다. 한 번도 맡아 본 적 없는 냄새가 너무 역겨워 잠깐 정신을 잃을 뻔했다.

잠시 숨을 고르고 정신을 차린 뒤에 찬찬히 살펴보니 기름이 썩어가는 냄새였다. 주유소 자리였던 땅이 경매로 나왔는데 유류 탱크가 그대로 땅속에 묻혀 있다는 것도 모르고 낙찰받은 것이다.

"유류 탱크 철거는 생각보다 비용이 꽤 드는데…. 괜찮으시겠어요?"
"많이 들어도 해야죠. 설마 땅값만 하겠어요?"

유류 탱크를 철거하려고 비용을 알아봤다가 다시 한 번 경악했다. 내 말대로 땅값만큼 드는 게 아닌가! 철거비가 내가 쓴 토지 비용만큼 들게 생겼다.

1천만 원이 100억 되는 땅에 투자하라

이래서 아무도 입찰을 안 했다는 걸 그제야 알았다. 환장할 노릇이었지만 누구를 탓할 수도 없었다. 내가 현장답사를 꼼꼼히 했더라면 충분히 발견 가능한 하자였기 때문이다.

하지만 이걸 처리하지 않으면 이 땅으론 아무것도 할 수 없다. 기름이 든 탱크가 묻혀 있는 땅은 개발도 어렵고 값도 오르지 않는다. 나 같은 사람에게 속여 팔지 않는 이상 다시 파는 건 당연히 어려울 게 분명했다.

결국 4,000만 원에 달하는 엄청난 비용을 들여 유류 탱크 철거라는 대공사를 감행했다. 당시 5,000만 원이었던 낙찰금 중 내 돈은 1,000만 원이고 나머지 4,000만 원은 경락잔금대출을 받은 상태였다. 거기에 유류 탱크 철거비 4,000만 원을 더하니 이 땅의 매입 비용이 9,000만 원에 달했다.

이런 문제를 미리 알지 못하고 낙찰받은 내게 화가 나고 속이 쓰려서 한동안 힘들었는데 지인도 비슷한 사기를 당했다. 겉으로 보면 멀쩡한 땅이었는데 알고 보니 땅속에 기름 탱크가 있었다.

땅 주인이 기름 탱크가 있다는 사실을 숨기고 속여서 판 것이다. 지인이 가서 따지니 자기는 분명 구두로 이야기했다는 거짓말만 늘어놓더라고 했다.

이런 사례가 종종 있다. 특히 도심 근처에 나온 땅 중에는 주유소였던 땅이 심심치 않게 나오니 주의 깊게 살펴야 한다.

그 후에 나는 아예 삽을 한 자루 사서 차에 싣고 다닌다. 그리고 땅을 볼 때마다 속에 뭐가 있는지 파 봤다. 노이로제에 걸려 절대로 겉만 보고 판단하지 않고 땅속에 뭐가 있는지, 토질은 어떤지 꼼꼼히 체크하는 버릇이 생겼다.

때로 푹 꺼진 땅을 메꾸기 위해 다른 곳에 있던 흙을 받아 채우는 '성토 작업'을 한 땅들이 있는데, 건축 폐자재가 섞여 있거나 다른 불량 소재들이 섞여서 도저히 농사를 지을 수 없는 흙일 수도 있기 때문에 삽으로 여기저기 파서 확인한다.

감정가가 높아도 저렴한 가격으로 땅을 살 수 있다는 게 경매의 가장 큰 장점인데, 이런 낭패를 당하고 수습하다 보면 일반 매매로 산 것과 다름없는 일이 된다. 힘은 힘대로 들고 비용은 비용대로 깨지면서 수익을 바라기 힘들었던 이 주유소 땅 사건은 치밀한 현장답사의 중요성을 크게 일깨워 준 사건이었다.

단한번어긴원칙

내겐 투자 초기부터 지켜온 원칙이 하나 있다. 내가 가진 3,000만 원에 아버지께 조금 빌린 돈을 더해 투자를 시작했을 때부터 지킨 '분산 투자' 원칙이다. 어떤 땅이 아무리 탐나도 그 땅을 잡기 위해 '몰빵'하지 않는다.

곧 큰 수익을 안겨 줄 것 같은 땅이 있더라도 그게 이미 오를 대로 오른 가격이라면 정말로 수익을 안겨 줄지 장담할 수 없다.

나는 시간이 조금 걸리더라도 장래성이 있는 땅 몇 개에 투자하는 방식을 선택했다. 그런데 이런 분산 투자 원칙을 딱 한 번 어겼다가 실패한 뼈아픈 경험이 있다.

2008년에 이명박 전 대통령이 당선되고 가장 먼저 떠오른 것이 대운하 사업이었다. 대운하 사업이 제대로 진행되면 대한민국 역사에 한 획을 긋는 사업이 되는 것은 물론이고 특별한 호재가 없는 지방에도 엄청난 지가 상승이 일어나리라 예상했다. 당시 사업 시행에 대한 대통령의 의지도 확고했다.

대운하 사업의 핵심은 남한강과 낙동강을 잇는 공사였다. 두 강의 높낮이가 다르기 때문에 거대한 배가 두 강을 오갈 수 있으려면 대규모 토목 공사가 뒷받침되어야 했다.

공사가 이뤄질 지역으로 충주와 문경이 물망에 올랐다. 두 지역은 지리적으로 대운하의 중간 기착지가 될 확률이 높았고, 운하 이용자의 휴식처로 최적이었다.

나는 공사가 있을 핵심 지역의 땅을 답사하기 시작했다. 충주는 적지 않은 도시 규모를 유지하고 있는 충청북도의 중심 도시 중 하나로, 대운하 사업이 시행되면 땅값이 오를 게 확실해 보였다. 내가 살펴러 갔을 때도 이미 상당히 오른 상태였다.

문경은 과거에 석탄 산업이 발달하여 상당한 도시 규모를 유지하고 있었으나 당시에는 지역 성장을 견인하는 특별한 산업이 없었다.

관광 산업도 한계에 다다른 것으로 보였다. 지역 부동산 중개업소에 문의하니 예상대로 십수 년간 지가가 그대로였다.

그래서 나는 문경에 투자하기로 결정했다. 일단 대규모 투자가 가능할 만큼 땅값이 저렴하다는 게 매력적이었다. 그간 별다른 호재가 없던 문경 지역은 대운하 사업이 확정되기만 하면 땅값이 오르는 속도가 가파를 것이라고 예상했다.

현장답사를 하면서 마성면이 선착장 입지의 유력 후보지로 보여서 마성면 일대의 농지를 꽤 큰 규모로 매입했다. 일간지에서도 서서히 문경의 장점에 대해 보도하고 있어서 투자에 확신이 들었다.

하지만 모두 아는 바와 같이 대운하 사업은 좌초되었다. 환경 단체를 비롯한 시민사회단체, 종교단체의 거센 반발이 있었다. 여당에서는 4대강 정비 사업 정도로 만족하라고 말렸고 야당에서는 대운하 사업 반대 운동을 했다.

나는 정책만 알았지 정치를 너무 몰랐다. 아무리 젊은 시절부터 추진력 하나는 좋았던 대통령이라도 서울 시장으로서 일할 때와 대통령으로서 일할 때가 다르다는 것을 몰랐다. 청계천 사업이 성공했으니 대운하 사업도 성공하리라 생각한 건 너무 단순한 논리였다.

일단 사업의 규모가 청계천과는 달라도 너무 달랐다. 대규모 국책 사업을 성공적으로 이끌기 위해서는 대통령에게 야당의 협치도 끌어내는 정치력이 필요하다는 것까지 생각하지 못했다.

대운하 사업이 과연 요즘 시대에 필요한 사업인지, 각계의 동의를

1천만 원이 100억 되는 땅에 투자하라

얻을 수 있는지도 생각했어야 했다. 결국 내가 매입한 문경 땅은 시간이 지나도 오르지 않았고 수익을 가져다주지도 않았다.

문경에는 경상북도 북부 지역의 똑똑한 학생들이 모인다는 점촌 고등학교가 있다. 그때 이 학교에서 차로 20분 거리에 경상북도청이 이전하기로 결정된 상태였다.

만약 마성면에 몰빵하지 않고 이런 배후 지역에 나눠서 투자했다면 약간의 수익을 남길 수 있었을 거다. 욕심부리며 맹지까지 모조리 매입한 건 내 결정이었으니 누구를 탓할 수 있을까.

사실 당시에 내가 욕심이 지나쳤다는 것을 모르지는 않았다. 아무것도 확실하게 결정된 게 없는데 지가가 생각보다 비싸다는 느낌을 받았다. 하지만 앞으로 상승할 지가를 고려하면 기꺼이 매입할 가치가 있다며 스스로를 설득하고 과욕을 무시했다.

이 정도 규모는 투자해야 나중에 후회하지 않을 것 같았다. 큰 수익을 내겠다는 욕심이 판단력을 흐리게 만든 것이다. 결국 토지 투자를 시작할 때 단단히 세운 기본 원칙인 분산 투자를 지키지 않아서 큰 손해를 봤다.

원칙은 지키라고 있는 것이다. 이후 나는 어떠한 경우라도 원칙을 고수한다. 우리나라의 개발 계획은 연기는 기본이며 흐지부지 취소되는 일도 비일비재하다. 아무리 확고해 보이는 사업도 무산될 가능성을 생각하며 신중하게 투자해야 한다.

넘어져서 무릎에 상처가 나는 정도로 끝날 것을, 욕심을 부리다가

뼈가 부러질 수도 있다. 그래도 나는 다시 일어서는 과정에서 크나큰 교훈을 얻었으니 다행이다.

서류로는 알 수 없는 하자

땅을 사는 목적은 사람마다 다르다. 건물을 짓기 위해, 농지연금을 받기 위해, 시세 차익을 얻기 위해 사는 등 땅을 사는 목적은 다양하다.

땅값이 오르는 경우는 일단 교통이 좋은 지역, 인구 유입이 가능한 지역, 산업단지 혹은 개발 사업지 인근이다. 나 역시 그런 지역에 많이 투자했다.

그런데 개발 계획을 미리 파악하고 개발 사업지 인근의 토지를 매입했는데 개발이 연기되거나 취소되는 것도 아니고, 그렇다고 진행이 안 되는 것도 아닌 경우가 있다. 결정권자가 개발을 지향하는 성향이면 개발 속도가 빠르지만, 결정권자의 마음이 딴 데 가 있으면 그만큼 진척이 느려진다.

게다가 대규모 계획일수록 예산 문제로 진행이 안 될 때가 많다. 그래서 나는 시·군청 도시과에 들러 향후 개발 계획을 점검하고, 건축과에 가서는 어떤 건물을 지을 수 있으며, 연접제한은 없는지 꼼꼼하게 따졌다.

그런데 연접제한과 관련해 부끄러운 에피소드가 하나 있다. 2003년에 도입된 '연접개발제한제도'는 비도시 지역에서 개발을 허가받았다고 할지라도 개발 면적이 일정 규모를 넘어서면 인접한 땅의 추가 개발을 규제하는 제도다. 즉 내가 산 땅 주변으로 개발 범위가 정해졌고, 그 범위 안에서 개발이 이미 다 이뤄졌다면 내 땅은 개발하지 못한다.

2006년 당시 초보 투자자였던 나는 지인의 말만 믿고 땅을 샀는데 알고 보니 개발할 수 없는 땅이었다. 개발지 인근인데도 워낙 저렴하길래 조금 의심했지만 땅 주인이 돈이 급히 필요해서 싸게 내놓았다는 말을 그대로 믿은 게 화근이었다.

소유권이 완전히 내게 넘어오고 난 후에야 연접제한에 걸렸다는 사실을 알았다. 관련자들을 찾으려 했지만 부동산 중개업자들은 나 몰라라 하고 매도자는 연락이 두절됐다.

완벽하게 사기를 당했다. 의심이 들어도 세세히 살피지 않고 남의 말만 듣고 샀던 결과물은 수익도 못 내고 팔지도 못한 채 여전히 보유 중이다.

지금은 2011년 국토법 개정으로 연접개발제한제도가 폐지됐다. 현재는 일정 규모 이상의 사업일 때만 도시 계획♥심의를 받으면 된다.

♥ 특별시 · 광역시 · 특별자치시 · 특별자치도 · 시 또는 군의 개발 및 보전을 위하여 수립하는 토지 이용, 교통, 환경, 경관, 안전, 산업, 정보 통신, 보건, 후생, 안보, 문화 등에 관한 계획을 말한다.

일반적인 소액 투자자는 여기에 해당할 가능성이 거의 없으므로 재산권 행사에 지장이 생길 일은 없다. 다만 한 가지, 환경법에 따른 연접제한은 여전히 살아 있다는 것만 기억하면 된다.

토지 투자를 하다 보면 땅에는 예외가 많다는 걸 알게 된다. 나는 이 예외를 활용해서 수익을 보기도 했지만, 반대로 예외를 잘 살피지 않아 발목이 잡히기도 했다.

연접개발제한제도를 모르는 건 아니었지만 미리 관련 기관을 찾아 세심하게 알아보고 매입하지 않은 것은 온전히 내 책임이다. 소액이라 그나마 타격이 덜했지만 지금 생각해도 아찔한 일이다.

애증의 고속도로

토지 투자에서 대부분의 기회는 길에서 나온다고 해도 과언이 아니다. 길은 집과 집을 잇고, 집과 일터를 잇고, 집과 놀이터를 잇고, 사람과 사람을 잇는다. 그래서 나는 항상 길이 어디에서 시작되고 어디로 이어지나 유심히 살핀다. 길을 보고 길이 생길 수 있는 지점을 찾는 안목을 기르면 좋은 땅을 찾을 확률도 높아진다.

길이 없는 땅은 건축이 안 돼서 인기가 없고 가격이 저렴하다. 길이 없는 땅도 길을 내면 가격이 오른다. 그래서 길은 토지 투자자에게는 애증의 대상이다. 나 역시 길에 '애'와 '증'을 모두 경험했다.

1천만 원이 100억 되는 땅에 투자하라

2010년, 나는 당진의 한 지역에 도로가 난다는 정보를 듣고 어떤 땅을 선점했다. 그런 고급 정보를 어디서 듣는지 묻는 사람들이 있지만, 누구나 쉽게 접근할 수 있는 정보를 잡은 것뿐이다.

비결은 바로 지역 주민 공청회다. 대체로 현지 주민들이 참석하지만 외지인이라고 해서 참석하지 못하게 막는 건 아니다.

여기에서 바로 몇 번지의 도로가 확장된다, 어떤 하천 어디에 다리가 생긴다, 어디 땅이 얼마나 개발된다 등의 이야기가 나온다. 공청회에 가서 얻은 정보로 인근 땅에 투자하면 된다.

공고가 나기 전이면 아직 토지 보상이 되지 않았을 시기다. 나도 차 한 대가 들어갈 수 있는 폭 2~3m의 도로변 땅을 샀더니 지자체에서 도로가 확장되기 때문에 내 땅의 일부가 수용된다는 우편물을 보냈다. 그러나 평당 30만 원을 주고 산 땅인데 20만 원만 보상해 준다고 해서 너무 화가 났다. 나는 지자체에 연락해서 보상가를 더 올려 달라고 요청했다.

"죄송합니다. 보상가는 지주님이 선택하실 사항이 아니라서요."

"제 땅이 평당 30만 원짜린데 더 주지는 못할망정 이렇게 후려치는 게 어딨습니까?"

"그게 지자체가 맘대로 정하는 게 아니라 두 군데 업체에 감정 평가를 의뢰하고 평균값을 낸 거라서요…."

본래 150평이었던 땅은 50평 정도가 수용되면서 100평만 남았다. 화가 난 내 기분은 아랑곳하지 않고 공사가 시작됐다. 공사는 2년 뒤에야 끝났는데 도로가 2~3m에서 10m로 폭이 넓어지면서 2차선이나 다름없게 확장됐다.

그런데 마법 같은 일이 일어났다. '도로가 넓어졌으니까 시세가 좀 오르기는 했겠지'라는 생각으로 심드렁하게 문의했다가 깜짝 놀랐다. 최소가가 평당 100만 원이 되어서 지가가 3배가 넘게 오른 게 아닌가!

도로 하나 때문에 땅값이 3배 이상 오른 것을 보고 길이라는 게 이렇게 중요하다는 걸 체감했다. 왕복 차선으로 바뀌니 교통량이 많아지고 내 땅 앞으로는 편의점과 원룸이 들어왔다. 이후 나는 15년 동안 전국의 공청회란 공청회는 모두 다니며 기회를 잡았다.

이처럼 항상 실패가 전화위복이 된다면 얼마나 좋을까. 이와 반대로 길이 내게 '증'을 안겨준 일도 있다. 고속도로는 토지 투자자에겐 엄청난 호재로, 고속도로 IC가 생기면 주변 땅값이 두 배 이상은 오르기 때문에 많은 투자자가 IC 예정지에 주목한다.

나는 당진에서 고덕신도시로 들어갈 고덕 IC 예정지에 주목했다. 무조건 IC에서 가까우면 좋을 줄 알고 IC 예정지 100m 이내에 있는 땅을 5,000만 원에 매입했다. IC로 편입되는 땅은 보상도 받았다.

그런데 문제가 발생했다. 고속도로 IC 예정지에 너무 가깝다 보니까 나머지 땅이 전부 건축 제한에 걸렸다. 국도에서 5m, 고속도로에서 15m 이내는 건축을 할 수 없다는 '접도구역법'을 몰랐던 것이다.

IC에서 어느 정도 떨어진 땅을 샀어야 했는데 모르고 5,000만 원을 날린 거나 마찬가지였다. 아무것도 할 수 없게 되니까 너무 열이 나서 참을 수가 없었다.

나는 국가에 내 땅을 사 달라고 요청했고, 다행히 매수 청구권이 받아들여져 수용 보상가 3,000만 원을 받을 수 있었다. 2,000만 원이라는 값비싼 수업료를 내고 공부한 셈이다.

고속도로 IC 개발이 확정되면 인접한 땅의 시세는 빠르게 상승하므로 사고 파는 타이밍을 놓치지 말고 결정해야 한다. 지금 생각하면 IC 개발 예정지와 인접한 땅 대신 거기서 조금 벗어난 지역을 공략하는 것이 더 나았다. 과거로 돌아간다면 IC에서 반경 3km 내에 있는 토지를 찾아봤을 것이다.

그러나 IC가 생긴다고 무조건 주변 땅값이 오르는 게 아니라는 점도 알아야 한다. IC 주변에 개발지나 산업단지가 생기지 않으면 지가 상승이 더딜 수 있다는 점에 주의해야 한다.

건축이 불가능한 맹지나 농지를 사서 이도 저도 못하는 상황도 피해야 한다. 정부나 지자체에서 발표하는 개발 계획을 지속적으로 꼼꼼히 살피면 실패 확률을 줄일 수 있다.

절대농지 절대주의

"너의 아내를 데려가도 좋다. 하지만 '절대' 뒤를 돌아봐서는 안 된다."

그리스 로마 신화에서 오르페우스가 저승에 있는 아내를 지상으로 데려가려 할 때 지하 세계의 지배자 하데스가 말했다. 하지만 오르페우스는 아내 에우리디케의 발소리가 들리지 않자 불안에 휩싸여 절대 뒤를 돌아봐서는 안 된다는 경고를 어긴다. 결국 에우리디케는 다시 지하 세계로 추락하고 만다.

토지 투자에서도 '절대'라는 단어가 붙을 땐 일단 멈춘 다음에 신중히 살펴야 한다. 그렇지 않으면 투자에 실패해서 지옥의 나락에 떨어지는 수가 있다.

나는 2015년에 평택 포승 지역의 절대농지에 투자했다가 지옥의 맛을 봤다. 지금도 그렇지만 10여 년 전에도 평택은 주가가 한창 오르던 지역이었다. 당시에도 좋은 땅은 평당 100만 원 안팎의 시세였다. 반면 농림 지역은 평당 20만~30만 원이면 살 수 있었다. 그곳에서 500평짜리 땅이 매물로 나왔다.

사실 농림 지역은 1,000평 단위의 큰 규모로 나오는 경우가 대부분이라 반 필지인 500평이 나오는 건 귀한 일이다. 한 필지를 사려면 2억 원쯤 준비해야 하는데, 반 필지가 나왔으니 투자금이 절반으로 줄어들어 부담도 그만큼 줄어드는 것이다. 가까이에 남양호도 있고 평택산업단지가 확장된다면 호재를 맞이하는 거리에 있어서 기대를 품고 매입했다.

결과부터 말하자면 나는 5년 만에 이 땅을 팔았다. 5년은 짧은 시간이 아니다. 토지 투자는 보통 1년에 20% 정도의 수익을 내면 성공적인 투자라고 하는데 내가 산 땅의 지가는 오르지 않았다.

반면 10년 전에 평당 100만 원이었던 땅은 5년 후엔 2배, 10년이 지난 지금은 3배 이상 올랐다. 내가 5년 전에 팔았던 절대농지는 10년이 지난 지금 겨우 2배 오른 40만 원 선이다.

팔겠다고 마음 먹었을 때 파는 일도 쉽지 않다. 나도 투자에 실패한 절대농지이기 때문에 다른 투자자가 살 것을 기대할 수 없다. 농사가 목적인 사람에게 팔아야 하지만, 내가 샀던 5년 전 가격으로도 팔기가 힘들었다. 결국 평당 20만 원을 주고 산 땅을 5년 동안 끙끙 앓으며 갖고 있다가 평당 15만 원에 팔았다.

'절대농지'는 어떤 경우에도 농지 이외의 목적으로 사용할 수 없다. 농림축산식품부 장관이 지정하고 고시한 땅으로, 보통은 공공투자로 조성된 농지이기 때문에 경작지가 잘 정리된 땅이다.

땅의 모양이 네모반듯하고 예뻐 보이는 데다가 가격도 일반적인 땅에 비해 현저히 싸기 때문에 소액으로도 비교적 넓은 평수를 확보할 수 있어서 초보 투자자들은 유혹에 넘어가기 쉽다.

그 후 나는 강의할 때 아무리 개발지와 가까운 지역이라도 '절대' 농지는 '절대' 사지 말라고 말한다. 우리나라는 쌀이 주식이기 때문에 절대농지를 쉽게 해제하지 않는다.

특히 평택이나 김포처럼 수도권과 가까운 지역에 절대농지가 많은데, 이런 곳은 함부로 개발하는 걸 엄격하게 금지하고 있다. 그래서 절대농지는 굉장히 리스크가 큰 투자 대상이다.

동시에 토지 투자에는 예외가 많다. 규모가 큰 절대농지 개발은 어렵더라도 네모반듯한 땅들이 쫙 펼쳐진 절대농지의 가장자리에 붙은 못생긴 땅, 자투리 땅은 수익을 노려볼 수 있다. 절대농지라 하더라도 3만 평 미만인 자투리 땅은 개발 가능하다고 농지법으로 규정하고 있기 때문이다. 그래서 흔치는 않지만 잘 찾아보면 이미 절대농지에서 해제되어 건축 가능한 땅을 만나는 행운을 잡을 수도 있다.

떠맡은 맹지

"공무원 말을 안 믿으면 누구 말을 믿나?"
"설마 공무원이 거짓말을 하겠어?"

우리는 기자는 불신해도 공무원은 믿는다. 나랏밥을 먹는 사람이 잘못된 정보를 전할 리가 없다고 생각하기 때문이다. 그 일이 있기 전까지 나도 그런 편이었다.

나는 2014년 무렵부터 제주에 투자했다. 스피드뱅크에서 제주 부동산 중개업소를 상대로 가맹 계약을 대대적으로 따내겠다며 150명이나 되는 전 직원을 풀었다가 초라한 성적을 거둔 웃지 못할 사건 이후 제주를 관심 밖에 뒀던 건 사실이다. 제주의 폐쇄성이 나에게도 트라우마로 남았던 건지도 모르겠다.

그러다가 제주의 자연환경에 확 빠져들면서 땅에도 관심을 갖게 됐다. 그 무렵 제주살이 열풍이 서서히 불었던 것과도 무관하지는 않다. 아무튼 나도 제주에 투자하고 다른 사람에게 땅을 소개하기도 했다.

소개한 땅은 내가 봤을 때 도로도 넓고 주변에 혐오 시설도 없어서 집을 짓는 데 별다른 문제가 없어 보였다. 그래도 나는 땅을 사고 팔거나 소개할 때 지자체를 찾아가 다시 확인한다.

"이 땅은 건축 허가를 받을 수 있는 땅이 맞습니까?"

"예. 도로가 있으니 건축할 수 있어요."

나는 공무원의 말을 믿고 이 땅을 회원에게 소개했고, 그분은 땅을 매입했다. 그런데 2년 후 갑자기 그분으로부터 전화가 오더니, 아침 댓바람부터 밑도 끝도 없이 거센 항의를 받았다.

"아니, 이거 건축 가능한 땅이라고 그랬잖아요! 그런데 지금 집을 지으려고 하니까 못 짓는대요. 혹시 맹지를 속여 판 겁니까?"

"갑자기 무슨 말씀이신지…. 제가 공무원에게 확인했는데요. 뭔가 착오가 있을 겁니다."

"착오는 무슨 착오? 지금 공무원이 안 된다는데 이거 어떡할 거요?"

사실이라면 이분에겐 청천벽력이다. 맹지는 길이 없어서 건축이 안 된다. 공무원은 분명 길이 있다고 했고, 건축이 된다고 했기에 당황스러웠다. 사실 확인을 위해 당장 제주로 날아갔다.

그 사이에 담당 공무원이 달라졌다. 바뀐 담당자는 건축이 안 되는 땅이라는 말만 되풀이했다. 공무원마다 해석이 다를 수 있나 기가 막혔다. 2년 전에 만난 공무원은 어디로 갔는지도 몰라 하소연할 데도 없는데 회원은 나를 걸고넘어졌다.

"이거 되지도 않는 걸 된다고 사기 친 거요? 맞지?"

결국 그 회원은 내게 소송을 걸었다. 토지 투자를 하면서 난생처음 송사에 휘말려 법원에 가는 초유의 일이 생겼다.

나는 안 좋은 땅을 좋은 땅이라고 속인 적이 없다. 오히려 손해를 봤으면 봤지, 내 욕심을 과하게 챙긴 적도 없는데 어떻게 이런 일이 생겼나 받아들이기 힘들었다.

결론적으로 이 소송은 내가 그 땅을 다시 매입하는 조건으로 합의 봤다. 알고 보니까 이 땅과 접한 길에 3평짜리 사도가 낀 게 문제였다. 꽤 넓은 도로였는데 그 3평 때문에 건축이 안 되니 지주에게

1천만 원이 100억 되는 땅에 투자하라

토지사용승낙서를 받아야만 했다.

겨우 3평이니까 사용료를 내겠다고 하면 어렵지 않게 승낙을 받을 수 있을 줄 알았다. 그러나 어렵게 수소문해서 찾아갔더니 지주가 허락하지 않았다.

"사용료는 잘 드리겠습니다."

"난 돈 필요 없어요."

완강하게 거절당했다. 두 번째 찾아가서는 아예 적지 않은 사용료를 제시했지만 다시 거절당했다.

"난 조용한 게 좋은 사람이라 마을에 집이 마구잡이로 들어서는 게 싫어요. 그냥 조용한 동네이길 바라기 때문에 허락할 수 없어요."

그래도 포기하지 않았다. 아니, 포기할 수 없었다. 이 땅을 맹지인 채로 갖고 있으면 팔 수도 없다. 다시 손편지와 함께 선물을 들고 찾아가고, 귀찮은 정도를 넘어서 미안할 정도로 계속 찾아가 설득했다. 그렇게 토지사용승낙서를 받았다.

3평의 도로를 쓰는 데 거금 3,000만 원이 들었다. 생각지도 않은 땅값 1억 원에 도로 3평을 쓰는 돈 3,000만 원, 그리고 오고가며 든 경비까지 손해가 이만저만이 아니었다.

사실 무슨 일이 일어날 것을 미리 안 것처럼 제주는 도로가 있어도 건축 허가를 받는 게 까다로우니 잘 알아보고 소개하라는 조언을 하신 분이 있었다. 그 말을 듣지 않았다가 이런 일이 생겼다.

나는 이제 담당 공무원의 말을 100% 신뢰하지 않는다. 공무원은 있는 자료를 확인해 주는 역할만 할 뿐, 민원인의 투자 행위를 책임지지 않는다. 때로는 동일한 자료라도 공무원에 따라 해석이 다를 수 있다.

그래서 이후에 나는 뭔가 찜찜하면 현지 건축사를 통해 사전 점검을 한다. 제주 땅이면 제주 현지 건축사를 찾아가서 이 땅이 집을 지을 수 있는 땅인지, 건물을 올릴 수 있는지 없는지 확인한 후에 땅을 사든 소개하든 하는 것이다.

다행히 그 문제의 땅은 맹지에서 탈출하고 생각지도 않게 3,000만 원 이상이 올랐기 때문에 결과적으로 손해를 본 건 없지만, 당시에 마음고생 했던 걸 생각하면 온전히 보상받은 것 같지 않다. 특히 사기꾼으로 오해받은 건 오래도록 마음에 남았다.

건너면 안 되는 다리

나는 '대박땅꾼'이라는 닉네임을 가지고 활동하고 있다. 2012년에 인터넷 카페를 개설해서 회원들과 만나고, 책을 내고, 유튜브 활동

1천만 원이 100억 되는 땅에 투자하라

을 하면서 '대박땅꾼'은 토지 투자 전문가로서의 내 브랜드가 되었다. 그러다 보니 종종 이런 질문을 받는다.

"땅꾼님은 토지에만 투자하세요? 다른 부동산에는 관심 없으신가요?"

그렇지 않다. 토지가 나의 주 종목이자 자존심을 건 전문 분야이긴 하지만 다른 부동산에 아예 관심이 없는 건 아니다.

기본적으로 토지는 부동산의 한 분야로, 토지에 투자하는 사람이라면 다른 부동산에도 자연스럽게 관심을 둔다. 내 투자의 시작은 토지였고, 자산 중 압도적인 비중을 차지하는 것도 토지가 맞지만 상가를 비롯한 수익형 부동산♥에도 투자하고 있다.

벌써 9년 전 일이다. 2016년경에 신문에서 구미의 한 다가구 건물 매매 광고를 봤다. 당시에도 수도권의 건물은 소액으로 살 수 없었는데 구미는 건물 한 채당 10억 원 정도면 살 수 있었다.

대출과 전세를 끼면 한 채당 1억~2억 원의 자본으로 건물을 살 수 있는 것이다. 건물을 소유한다는 건 누구나 꿈꾸는 일이자 굉장히 설레는 일이라 마음이 끌렸다.

♥ 직접 거주할 목적으로 매입하는 것이 아니라, 임대를 통해 수익을 내려는 투자 목적의 부동산이다. 오피스텔, 사무실, 펜션 등을 예시로 들 수 있다.

'만약 수도권이라면 1억 원의 실투자금으로 임대 수요가 풍부한 입지의 건물에 투자할 수 있을까? 수도권에서 이 금액으론 상가 하나도 분양받지 못할 텐데. 여긴 공실이 날 일도 거의 없으니까 월수입과 이자를 계산해도 수익률은 따라올 수 없겠다.'

당시 구미는 국가산업단지 4개가 모여 있지만, 앞으로도 구미국가산업단지 확장단지와 구미하이테크밸리 등이 들어서는 게 확정된 상황이었다. 엄청난 생산 유발 효과와 고용 창출 효과가 있어서 임대 수요가 꾸준하리란 점은 충분히 예측할 수 있었다.

무엇보다 이 지역은 40여 년이 넘는 세월 동안 형성된 원룸촌이 있어서 부동산의 원룸 관리가 체계적이었다. 대부분의 원룸 건물주가 타지역 사람이지만 거래한 부동산에서 건물 관리까지 해 주기 때문에 건물주가 크게 신경 쓰지 않아도 되는 점에 끌렸다.

나는 관리 현황과 공실을 꼼꼼히 살핀 후 서로 조금씩 떨어져 있는 3~4층 규모의 건물 3채에 투자했다. 삼성과 LG 등의 대기업이 입주했던 구미 제2국가산업단지와 제3국가산업단지 인근이었다.

삼성과 LG 모두 사원용 기숙사가 따로 있지만 각각 3,000명 정도만 수용할 수 있어서 기숙사에 들어가지 못한 사람들이 원룸촌에 입주했다. 그렇다 보니 대기업 직원들의 소비도 많은 번화가였다.

그러나 생각지도 못한 변수가 터졌다. 삼성전자와 LG디스플레이의 생산 공장이 구미 밖으로 대거 이전하기 시작한 것이다. 삼성전

1천만 원이 100억 되는 땅에 투자하라

자는 베트남으로, LG디스플레이는 경기도 파주로 옮겨갔다. 2018년 상반기에는 삼성전자 네트워크사업부가 경기도 수원으로 이전하기까지 했다.

원룸촌에 비상이 걸린 것은 말할 것도 없다. 공실만이 유일한 위험이었는데 매입한 지 오래되지 않아 현실이 되었다. 다리 하나를 사이에 두고 회사와 좀 더 먼 쪽, 그러니까 다리 건너의 건물부터 공실이 생기기 시작했다.

100~200m의 차이가 공실률♥을 크게 갈라놓았다. '같은 동네인데 그 차이가 뭐라고'라고 생각할 수도 있지만 통근하는 입장에서는 조금이라도 가까운 게 좋다.

더군다나 시간이 지나면서 다리 건너에 외국인 노동자들이 입주하기 시작하자 대기업이 떠나기 전과 분위기가 사뭇 달라졌다. 공실은 다시 채워지지 않고 늘어만 갔다.

사실 지방 산업단지 인근의 오피스텔은 소액으로도 건물 전체를 구입할 수 있기 때문에 수익률이 높은 편이다. 또, 산업단지 종사자들이 간단한 숙식만을 위해 입주하는 경우가 많아서 오히려 일반 도심지보다 수요가 풍부하다.

지방 산업단지의 원룸 같은 수익형 부동산은 시세 차익보다 안정

♥ 상가나 건물 등이 얼마나 비어 있는지 나타내는 비율로, 경기가 좋지 않을 때는 임대 수요가 낮아져서 공실률이 높아진다.

적인 수익률을 보고 투자해야 하는 만큼 공실률이 매우 중요하다. 결국 나는 2억 원의 손실을 보면서 다리 건너에 있는 건물 2채를 매입 3년 만인 2019년에 팔았다.

사실 내가 건물을 매입할 때 분석이나 판단을 크게 잘못한 건 아니다. 대기업의 계획을 알지 못한 게 잘못이라면 잘못이다. 관리를 해 준다는 부동산 중개업소를 믿은 것도 잘못이다. 관리를 잘할 거라고 믿었는데 실제로 가 보니 거의 방치에 가까운 상태였다. 건물주인 내가 신경을 덜 쓰는데 남이 다 알아서 잘한 거라고 믿은 게 잘못이었다.

이때 20년 동안 투자하면서 가장 큰 손실을 봤다. 나는 이런 뼈아픈 실패를 토대로 삼아 한 가지 기준을 세웠다. 토지를 제외한 수익형 부동산은 차로 1시간 이내에 갈 수 있는 것에만 투자하겠다고 생각했다. 문제가 생겼을 때 내가 직접 가서 해결할 수 있는 최대 거리를 1시간으로 잡은 것이다.

시설 관리와 임대 관리를 완전히 타인에게 맡기면 리스크가 있을 수밖에 없다. 건물의 주인인 나만큼 철저하게 관리할 사람을 찾는 일은 쉽지 않기 때문이다.

나는 실패한 원룸 투자를 통해 토지 투자의 매력과 강점을 다시한 번 확인했다. 토지는 건물처럼 노후되지 않으며 보수해야 할 일이 거의 없다. 또한 토지 자체를 임대할 수는 있지만 건물을 짓지 않는 이상 공실을 관리하거나 사람을 상대할 일이 별로 없다.

그래서 시간을 내기 어려운 사람일수록, 사람을 상대하는 데 어려움을 겪는 사람일수록, 내성적이거나 소심한 사람일수록, 경기 불황이나 금리 인상 등으로 스트레스를 받고 싶지 않은 사람일수록 토지 투자가 더 잘 맞는다.

3~5년 정도 느긋하게 기다릴 인내심만 있다면, 소액으로 시작하려는 초보 투자자일수록 토지는 부동산 투자 첫걸음으로서 가장 안정적이다.

브랜드라고 믿었더니

구미 원룸 투자 이후 관리를 최소화할 수 있는 수익형 부동산을 찾다 보니 상가에 관심이 생겼다. 그래서 2020년에 화성 동탄에 있는 3층짜리 분양 상가 2층에 투자했다.

분양사 직원은 이곳에 '카카오 스크린 골프'가 5년 장기 임대 계약을 맺고 들어온다고 했다. 현장에 가 보니 정말 스크린 골프장 내부 공사를 하고 있어서 계약을 진행했다. 그런데 공사가 10% 정도 진행되고 나서는 조금씩 미뤄지다가 어느 순간부터 진척이 없었다.

"공사가 늦네요. 프랜차이즈는 어떤 업종이든 내부 공사가 빠르던데 왜 공사를 진행하지 않는 것 같죠?"

"아, 예…. 이게 방수하다가 물이 좀 터져서요. 그거 다시 하느라…."

계약한 지 한 달째에 문제없이 월세를 주길래 대수롭지 않게 여겼다. 그런데 월세를 딱 한 번 제때 내고 그다음 달엔 월세를 내지 않길래 연락을 취했다.

"곧 드릴게요. 조금만 기다려 주세요."

그 대답 이후 연락이 끊겼다. 불길한 예감이 들어 알아보니 시행사가 계약을 위한 미끼로 카카오를 이용해서 사기를 친 것이었다.

이럴 수가, 내가 남 이야기인 줄로만 알았던 분양 사기를 당하다니! 처음에는 믿어지지 않고 어이가 없었다. 그동안 투자를 몇 년이나 했는데 어디 가서 이런 일을 당했다고 말하는 것도 자존심 상해서 어지간히 속을 끓였다.

결국 시행사에 형사 소송을 걸었더니 상황이 조금 달라졌다. 시행사는 편의점으로 바꿔 주겠다고 제안했다. 1층의 상가 두 개를 합한 자리에 들어온 편의점을 준다면 그렇게 나쁜 제안은 아니었다.

본사가 직영으로 운영하는 편의점이라서 한결 마음이 풀렸다. 편의점은 본사가 수익성이 있다고 판단하여 가맹점을 내는데, 직영이기까지 하면 임대료 문제로 골치 아플 일이 생기지 않는다. 그렇게 사건은 일단락되었다.

1천만 원이 100억 되는 땅에 투자하라

우리는 '유명세'를 신뢰하는 경우가 있다. 유명한 단체나 기업이 하는 일, 미디어에 자주 노출되는 유명인이 하는 말은 대체로 신뢰한다. 그런 심리를 이용해 사기를 치는 사례를 모르는 것도 아니면서 주의를 기울이지 않아 딱 걸려든다.

일명 '카카오 스크린 골프 사대'가 괜찮은 교환으로 정리가 되었음에도 실패 사례라고 말하는 건 사기꾼의 미끼를 제대로 물어 계약까지 진행했기 때문이다.

만약 카카오가 아니었으면 계약하지 않았을 상가가 돌이킬 수 없는 손실을 내고 사라지기라도 했다면 어땠을까. 거기까지 생각하고 싶지 않지만 손실을 제대로 입었을 게 분명하다.

실패 사례가 그게 다예요?

나는 토지를 주 종목으로 20년 동안 부동산 투자를 했다. 현재는 토지만 12만여 평과 수익형 부동산 다수를 보유하고 있다. 12만 평이라는 토지 규모가 어느 정도인지 쉽게 체감되지 않는다면 롯데월드를 떠올리고 여기의 3배 정도 된다고 보면 된다.

지금도 적지 않지만 나는 100만 평 대지주의 꿈을 가지고 있으니 가야 할 길이 멀다. 그리고 땅을 많이 보유하는 것만이 투자의 궁극적 목적은 아니고 그것을 통해 이루고 싶은 일들이 많다.

토지 투자 경력은 돈 주고도 살 수 없는 소중한 자산이라 이 경험을 나누기 위해 카페 회원들을 만나고 강의를 통해 많은 사람에게 지식을 전달한다.

그런데 강의를 하다 보면 가끔 내가 하고 싶은 이야기와 사람들이 듣고 싶은 이야기가 조금 다르다는 것을 느낀다. 내가 말하고 싶은 게 성공 사례라면, 사람들은 실패 사례를 궁금해한다.

사실 투자하는 족족 성공하는 사람이라면 신뢰감보다는 불신이 들 수 있다. 어떤 경우든 투자의 세계에서 100% 성공하기란 불가능하기 때문이다.

실패 사례를 통해 '저 사람도 실패한 적이 많구나, 특별히 투자에 타고난 재능이 있는 사람은 아니었구나, 그냥 나처럼 평범한 사람이구나, 그렇다면 나도 노력하면 할 수 있겠구나'하는 자신감과 안도감을 느끼고 심지어 은근한 신뢰감마저 느낀다.

그런데 내가 투자에 실패한 사례들을 얘기했을 때 이런 반응을 보인 사람이 있다.

"실패 사례가 그게 다예요?"

앗, 더 많았어야 했나? 실망했나? 잠시 고민하다가 곧 질문의 의도를 깨달았다. 맞다. 20년 동안 수없이 많은 투자를 했는데 실패 사례가 겨우 열 손가락 안에 꼽힌다면 적은 편이다.

그래서 생각했다. 나는 어떻게 투자 시간, 투자 횟수, 투자 규모 대비 실패가 적었을까? 이 질문에 대한 답을 간단히 정리했다.

1. 분산 투자 원칙을 지켰다

거듭 말했던 것처럼 나는 땅 하나에 거액을 투자하는 일은 하지 않는다. 애초에 내가 투자를 시작할 때 가지고 있던 4,000만 원이 그렇게 큰돈은 아니지만, 그때부터 꾸준히 분산 투자를 했다.

경매와 공매를 통해 1,000만 원 안팎의 땅을 잡았고 하자가 있는 부분을 어떻게든 해결해서 땅의 가치를 올리며 수익을 보는 방식으로 투자를 이어왔다. 아마 내가 투자금을 넉넉하게 가진 자산가였다고 해도 분산 투자 원칙은 그대로 지켰을 것이다.

같은 금액으로 하나의 큰 면적에 투자하기보다 면적이 작더라도 여러 땅에 나눠서 투자했다. 분산 투자는 투자에 필연적으로 따르는 위험을 줄일 수 있을 뿐만 아니라, 큰 땅보다는 작은 땅이 여러모로 활용 가치가 높아 환금성이 크다.

투자한 모든 땅의 지가가 오른다면 그보다 좋은 것이 없지만 설령 요지부동인 땅이 있다고 해도 다른 땅이 오르면 조급해지지 않는다. 지가가 제자리걸음인 땅을 조급하게, 심지어 싸게 팔지 않고 기다릴 여유가 있다.

느긋하게 기다리면 어느 땅이든 오른다. 20년 동안 토지 투자를 하면서 안정적인 투자를 이어왔던 비결이 바로 분산 투자다.

2. 과욕을 경계했다

나도 토지에 대한 집착이 크고 욕심도 있다. 하지만 투자를 오래 할수록 투기의 시대는 끝났다는 사실을 인정하게 된다. 고성장 시기였던 1960~70년대와 같은 지가 상승은 바라면 안 된다.

과거에는 토지 투자가 자산을 축적하는 모든 방식 가운데 가장 비상식적인 대상이었다면 이제는 법과 제도, 상식 안으로 들어왔다고 할 수 있다. 이제 터무니없이 급등하는 일은 없을 거라는 의미다.

하지만 모든 투자에는 한몫 잡으려는 심리가 깔렸다. 특히 벼락부자를 양산했던 땅에 대한 고정관념은 세대를 지나서도 깊숙이 내재되어 토지 투자자의 마음에 '크게' 벌어 보려는 욕심을 심는다.

일단 땅에 투자하려는 사람들은 기대하는 수익률의 크기부터가 다르다. 아파트에 투자할 때 투자금의 2배를 뽑을 수 있다고 생각하는 사람은 거의 없다. 실제로 그런 투자 수익이 나오기도 힘들다.

하지만 땅에 투자하는 사람들은 향후 시세 차익으로 2배 이상의 수익을 기대하는 건 기본이다. 도로가 개통되고, 일자리가 늘어나 인구 유입 요소가 생기면 그 일대의 지가가 2배 이상 뛰기도 한다. 내가 투자한 땅 중에는 투자금의 6배 이상 오른 곳도 있다.

이런 경우가 흔치 않다는 걸 알아도 최고 수익률의 단맛을 보면 욕심이 새록새록 커질 수 있다. '하면 또 될 것 같은', 다시 말해 또 몇 배의 수익을 낼 수 있을 것 같은 착각이 들 때를 조심해야 한다. 귀가 얇아지고 남이 하는 달콤한 말에 속기 쉽다.

내 경험에만 비춰 봐도 토지 투자는 연수익률 20% 정도면 성공적이다. 6배가 오르는 땅이 있으면 몇 년이 지났는데도 별로 오르지 않는 땅도 있기 때문이다. 나는 수익률이 높은 땅과 저조한 땅의 평균을 냈을 때 연 20% 이상의 수익을 냈다면 만족한다.

목표 수익률을 과도하게 잡지 않고 연 10~30%, 3~5년에 2배 이상으로 잡았던 것 같다. 그래도 은행에 넣어둔 것보다는 훨씬 수익이 좋다. 돈이 되는 땅과 그렇지 않은 땅을 가려낼 수 있는 안목이 생기면 수익률은 더 좋아진다.

또 비교적 크게 투자한 땅이 오르면 적게 투자한 땅과 동일한 수익률일지라도 실제 수익금은 더 크다. 같은 수익률이라고 해도 100평에 투자한 사람은 50평에 투자한 사람보다 수익이 훨씬 큰 것처럼 말이다.

다만 땅은 수익을 내는 데 드는 시간이 일반 주택보다 길고, 환금성이 떨어지기 때문에 가까운 시일 내에 써야 할 돈으로는 투자하지 않았다. 그랬다간 자금난에 빠질 수 있기 때문에 최소한 3~5년간 묻어둘 수 있는 자금으로 하는 것이 안전하다.

초보 투자자일수록 자신이 생각한 만큼 땅값이 오르지 않으면 금세 실망해서 토지 투자에 대한 열의가 식는다. 그것이 사람들이 토지 투자 현장을 떠나는 가장 큰 이유다.

하지만 주식도 성장 가능성과 잠재력이 큰 기업을 찾아 길게 투자할수록 더 큰 수익을 보듯, 땅도 넓은 시야로 봐야 한다. 계속 이론 공부와 현장답사를 병행해서 군불을 때 주며 그 뒤에 올 기회를 기다리면 수익이라는 탐스러운 열매를 얻을 수 있다.

3. 아는 곳에만 투자했다

나는 주식도 코인도 하지 않는다. 잘 모르는 분야이기 때문이다. 주식이나 코인 투자에 매력을 느끼고 해 보겠다고 마음먹으면 토지 투자만큼 공부하며 알아가겠지만, 20여 년 동안 땅을 사랑한 나에게 땅만큼 좋은 투자처는 없다고 생각해서 한눈팔지 않는다.

지금도 좋은 땅이 있다는 말에 설레고 좋은 땅이 나왔다는 소식을 들으면 바로 달려가는 토지 투자 전문가로서 내가 제일 잘 아는 분야에 투자하는 게 맞다고 생각한다. 충분히 공부하고 경험한 것들이 안정적인 투자의 밑거름으로 남은 현재가 좋다.

한 발 더 들어가서 토지 투자 내에서도 세부적으로 아는 분야를 찾는 게 중요하다. 우리나라에는 토지 투자 전문가들이 많지만 전 국토를 다 아는 전문가는 없다.

나 역시 마찬가지다. 고향인 충남 서산을 중심으로 인접 도시인 당진과 태안에 관심을 갖기 시작했고, 그 관심이 서해안 라인으로 뻗어 보령과 서천, 군산, 김제, 부안까지 발을 넓히게 된 것이다.

그중에서도 당진과 새만금은 현지 부동산 중개업소들보다 내가 더 많이 알고 있는 경우도 있다. 그분들 역시 자신의 지역, 자신이 활동하는 반경 내의 땅에 대해서만 잘 아는 게 보통이다.

토지 투자를 시작할 땐 내 관심 지역을 집중적으로 파는 것이 중요하다. 오늘은 서해안 라인을 훑다가 내일은 갑자기 강원도로 가는 식이라면 지식과 견문은 넓어질지 모르나 실제 투자할 땅에 대해선 수박 겉 핥기 수준의 지식만 갖게 된다.

한 곳을 정하고 집중적으로 연구해서 수익이 날 만한 곳에 돈과 시간을 묻어야 한다. 토지 투자 컨설턴트가 될 생각이 아니라면 관심 지역을 넓히기보다 내가 투자할 지역을 더 세밀히 탐구하는 방향이 좋은 결과를 낼 것이다.

Chapter 4.

쓰디쓴 투자 실패로부터 얻은 교훈

1   토지도 겉만 보지 말고 속을 보라.

2   욕심이 원칙을 무너뜨리지 못하게 하라.

3   내가 알고 있는 지식을 업데이트하라.

4   '절대'라는 말 앞에선 일단 멈춰라.

5   내가 관리할 수 없으면 투자하지 말라.

6   유명세에 현혹되지 마라.

7   전국 투자자보다 지역 전문 투자자가 되라.

Chapter 5.

토지 투자 멘토가
된다는 뿌듯함

공부해서 남 주자

옛날부터 부모님들이 공부 안 하는 자녀들을 야단칠 때마다 쓰는 단골 멘트가 있다.

"이놈아, 공부해서 남 주냐, 공부 좀 열심히 해라!"

정말 옳은 말씀이다. 공부한 것은 누구도 빼앗아 갈 수 없는 온전한 자기 소유다. 그런데 공부를 많이 해서 성공한 사람을 보면 그와 반대되는 말을 한다.

"공부해서 남 주자."

"공부한 것을 남과 나누는 것이야말로 진정 가치 있는 일이다."

"공부한 내용을 나누는 것이 공부의 본질이다."

배워서 남 주는 즐거움

나는 학생일 때 공부를 썩 잘하지 못했다. 서울권 대학에 들어간 건 꽤 운이 좋았다고 생각하고, 들어가서도 그렇게 잘하지 못했다.

하지만 학교를 졸업해도 공부에는 끝이 없다. 무엇이든 자기 분야에서 뭔가를 이루고 싶다면 그 분야를 공부해야 한다. 직장인이라도 자기 업무만큼은 심도있게 배워야 한다.

내가 스스로 선택한 진짜 공부는 '토지 투자' 공부였다. 누가 시킨 것도 아니고, 먹고 살기 위해 할 수 없이 한 공부도 아니고, 흥미를 느끼자 신이 나서 자발적으로 했다.

자기가 원하거나 필요해서 하는 공부는 따로 있는 것 같다. 혼자서 공부하고, 전문가를 따라다니며 배우고, 토지답사에 가고, 시행착오도 많이 겪고, 험한 소리도 들어가며 하나둘 배워갔다.

조금씩 내공이 쌓이자 초보 투자자에서 어느 정도 벗어났다고 느낄 때가 있었는데, 처음 투자하는 사람들이 내가 하던 실수를 똑같이 하는 것을 볼 때 그랬다. '저분이 지금 그런 마음이겠구나, 내 마음도 그랬는데.' 싶은 생각이 들어서 도움을 드리고 싶었다.

그래서 인터넷 카페도 개설하고, 토지 투자 강좌도 열고, 회원들과 함께 토지답사를 다니기 시작한 것이다. 이런 활동은 누구보다도 내게 동기 부여가 되었고, 내가 알고 있는 정보를 통해 초보 투자자들의 시행착오를 줄여 주는 일에 보람을 느꼈다.

'공부해서 남 주자'고 말한 사람들처럼 내가 알고 있는 것을 나누는 즐거움을 깨달았다. 특히 젊은 수강생이나 회원을 만나면 목소리에 힘이 들어가는 것 같고, 나를 통해 좋은 일이 생긴 분들을 보면 덩달아 기분이 좋아진다.

의심과 신뢰의 교차점

땅을 사는 방법에는 크게 세 가지가 있다. 첫째, 경매나 공매를 통해 땅을 낙찰받는 방법. 둘째, 지역 부동산 중개업소를 통해 땅을 구입하는 방법. 마지막으로 셋째, 공인중개사 없이 지주와 직거래해서 땅을 구입하는 방법이다.

보통 부동산 중개나 경매를 통해 땅을 접하다 보니 직거래는 생각하지 못한다. 하지만 토지 공부를 제대로 하고 발품을 팔면서 많은 수익을 얻는 사람들은 직거래를 자주 한다. 나 역시 직거래를 가장 선호하는 편이다.

내가 초보 투자자 시기를 완전히 벗어났다고 느낀 시점도 직거래를 하면서부터다. 토지 직거래를 하면 A부터 Z까지 모두 스스로 해내야 하므로 진정한 홀로서기라고 할 수 있다.

그러나 마주하는 어려움이 한둘이 아닐 것이다. 나도 처음 직거래를 하기로 마음먹었을 때는 매우 두려웠다. 하지만 이 불안한 시기를 이겨내면 땅을 사는 방법을 모두 마스터할 수 있다.

내가 토지 투자를 하며 얻은 노하우를 많은 사람과 나눈 지도 벌써 15년이 다 되어간다. 2010년에 개설한 네이버 카페 '대박땅꾼 부동산연구소' 운영을 시작으로 토지답사 프로그램과 토지 투자, 강좌 개설, 여러 권의 실전서 출판 등은 초보 투자자가 직거래까지 홀로 해낼 수 있도록 돕는 일이라고 할 수 있다. 그 과정에서 초보 투자자들에게 좋은 투자처에 대한 정보를 나누고 실제 매물을 소개해서 직접 투자하는 데까지 함께 하고 있다.

카페 회원이나 강좌 수강생들과 함께하는 토지답사는 지역 중개업소나 이장님에게 미리 소개받은 땅, 혹은 경매에 나온 괜찮은 물건을 5개 정도 모아서 간다. 이때 되도록 동선이 짧아지도록 한 지역이나 두 지역을 묶어서 코스를 짠다.

예를 들어 당진으로 간다고 치면 일단 당진 시청에 간다. 그러면 수도권에 사는 회원들은 놀란다. 그냥 시골 소도시라고 생각하고 왔는데 시로 승격하기 전부터 조성한 수청지구와 크게 잘 지어놓은 시청의 위용에 놀란 것이다.

1천만 원이 100억 되는 땅에 투자하라

다음으로 석문국가산업단지와 송산2국가산업단지까지 돌아봄으로써 양질의 일자리가 많아 인구 유입이 많아지고 도시가 커질 수밖에 없는 미래를 실감하고 납득할 수 있도록 만든다.

이렇게 여러 지역의 호재를 종합적으로 판단할 수 있도록 도운후, 땅을 하나씩 답사한다. 그렇게 돌아보는 곳이 주택 부지일 수도 있고, 원룸 부지일 수도 있다. 주변 경관은 물론이고 축사나 철탑 같은 혐오 시설은 없는지도 확인한다.

위는 비교적 최근에 답사한 당진시 우강면 송산리의 한 토지인데 도로를 잘 끼고 있다. 하지만 잘 보면 옆에 도로가 하나 더 있어서 코너 땅이라고 할 수 있다. 잘 보이는 도로와 90도로 꺾이는 곳에 검은 선처럼 보이는 것이 현황도로다.

이 땅을 매입해서 흙과 자갈로만 도로를 내도 두 면이 도로와 접하게 되는 이 땅은 한 면만 도로에 닿아 있는 땅보다 가치가 높을 수밖에 없다. 초보자들끼리 가면 알 수 없는 부분을 토지 전문가를 통해 배우면서 땅 보는 안목을 키울 수 있다.

실제 매물로 나온 땅을 보는 것이므로 매물이 마음에 들면 바로 계약하는 사람도 나온다. 그러나 나는 땅을 소개하면서 매입을 권유하는 말을 거의 하지 않는다. 땅의 입지적 특성, 지역 호재, 땅 자체의 장점, 개발 용도 등을 말하고 어떤 투자 가치가 있다고 말하는 선에서 그칠 뿐, 직접적으로 영업하지는 않는다.

토지답사 팀의 리더 중엔 매입을 권유하는 타입도 있는데 그 때문에 토지답사를 부담스러워하는 사람도 있다. 믿고 투자했는데 원망을 들을 만한 일이 생기면 피차 얼굴을 붉힐 수 있다.

그래서 땅을 사라고 권유하지 않는 내 태도가 더 신뢰를 준다고 말하는 사람들도 있다. 반면 이런 태도 때문에 일어난 웃지 못할 에피소드도 있다.

먼 지방에서 올라온 회원들과 경기 남부 지역으로 토지답사를 갔을 때였다. 모두 5개의 매물이 있었는데, 세 번째 코스로 지방 도로변에 위치한 네모반듯한 모양의 1억 원짜리 땅을 답사할 때였다.

거기서 홀로 답사를 오신 카페 회원을 아주 우연히 만났다. 그분은 강의를 듣고 개별적으로 연락해서 궁금한 걸 물어보기까지 하는 열정적인 수강생이었다. 이 땅에 대해 얘기하긴 했지만 직접 토지답사까지 할 줄은 꿈에도 몰랐다.

그 회원과는 몇 마디 나누고 헤어졌다. 나는 답사팀과 함께 땅을 살펴보고 다른 토지를 답사하기 위해 출발했다. 모든 땅을 다 둘러본 후에 차 안에서 어느 땅이 가장 마음에 들었는지, 어느 땅에 투자하고 싶은지 물었다. 세 번째 땅이 가장 인기가 좋았다.

그때 전화가 왔다. 혼자 답사를 왔던 회원이 세 번째 땅을 계약하고 싶다고 했다. 곧 전화를 끊고 계약금을 보내면서 땅은 팔렸다. 나는 답사팀에 이 사실을 말했다.

답사팀은 출발했던 곳으로 복귀했고, 회원들을 역 인근에 내려 드리고 집으로 돌아가던 중이었다. 조금 전에 차에서 내린 한 회원이 전화를 걸어서 다짜고짜 화를 내셨다.

"새벽 5시부터 일어나서 준비하고 올라왔어요. 근데 이게 뭐죠?"

"무슨 말씀인지…."

"오늘 본 땅은 답사팀에게만 소개하는 땅이 아니었어요?"

"답사할 땅은 이장님 같은 분이 제게 직접 연락해서 알려 주시는 매물도 있지만 부동산 중개업자를 통해 오는 매물도 있습니다. 그러면 다른 사람도 이 매물을 알 수 있습니다."

"이럴 거면 답사는 왜 갑니까? 우선 우리에게만 보여 줘야 하는 거 아녜요? 사람을 기만하는 것도 아니고!"

다름 아니라 이 회원도 세 번째 땅이 마음에 들어서 사려고 했다는 것이다.

"그 땅이 마음에 드셨으면 살짝 말씀 하셔도 좋았을 텐데요. 그럼 그분께 좀 기다리시라 했을 텐데…. 아무튼 먼 길 오셨는데 죄송합니다. 저도 그분이 직접 땅을 보러 오실 줄 몰랐고, 그렇게 빨리 결정하실 줄도 몰랐습니다."

"답사비까지 냈는데 남이 가져갈 수 있는 땅을 보여 주시면 안 되죠! 이건 말도 안 돼요!"

나는 거듭 사과했다. 어찌 됐든 막 나온 매물, 아직 소문도 안 난 좋은 땅을 소개받기 위해 토지답사에 간다고 생각하시는 분이라면 충분히 화가 날 만하다. 계속 사과드렸지만 결국 그 회원은 화를 풀지 않고 전화를 끊었다.

그러나 토지답사의 가장 중요한 목적은 전문가와 동행하여 땅을 보는 안목을 기르는 것이다. 그냥 사진만 봐서는 땅의 면면을 전부 파악할 수 없으니 실제로 보면서 살펴야 한다.

하지만 초보 투자자들은 무엇을 봐야 할지 잘 모르니까 전문가의 가이드를 통해 세심하게 보고 듣고 배우는 것이다. 토지답사에서 땅을 구매하는 사람이 나오기도 하는데, 그건 토지답사에 따라온 부수적인 결과일 뿐 토지답사의 목적이라고 하기는 어렵다.

하지만 토지답사를 이렇게 생각하는 회원도 있다는 것을 그때 비로소 알게 되었다. 가끔 내가 이런 말이라도 해야 했을까 생각한다.

"이 땅 예쁘게 생겼죠? 이런 땅은 탐내는 분들이 많으니 구매 의향이 있다면 빨리 말씀해 주세요. 결정을 미루시다간 늦습니다."

하지만 앞으로도 구매 권유는 되도록 하지 않을 것 같다. 토지답사 본연의 목적인 토지에 대한 안목을 높이는 것이 더 중요하기도 하고, 투자의 결과는 투자자에게 고스란히 돌아오니 결정은 투자자가 부담 없이 스스로 해야 한다고 생각하기 때문이다.

고춧가루를 뿌리다

"남에게 소개하려다가도 진짜 좋은 땅이면 직접 매입하시죠?"
"진짜 아까운 거면 땅꾼님이 벌써 사셨겠지."

많은 사람을 만나다 보면 이렇게 뼈 있는 질문을 듣는 일도 있다. 둘 다 같은 맥락의 질문이다. 남에게 소개하는 건 진짜 좋은 땅이라서 소개하는 게 아닐 것이라는 의심이 내포되어 있다.

하지만 좋은 땅이라고 모두 내가 매입할 수는 없는 노릇이다. 나도 투자한 곳이 많기 때문에 자금의 여력도 생각해야 한다. 그리고 진짜 탐나는 좋은 땅이라고 생각해서 매입했는데 생각보다 저조한 수익률을 안겨 줄 수도 있다. 합리적 분석을 다 마친 경우라도 그게 꼭 높은 수익률을 갖다준다고 장담할 순 없다. 모든 투자의 세계가 그렇지 않은가? 어디에 투자하든 끝내 어찌 될 줄 모르는 변수가 존재한다.

15년 전, 어떤 50대 투자자에게 평당 50만 원짜리 당진 땅 200평을 소개한 적이 있다. 그러니까 1억 원짜리 땅이다. 소유권까지 이전하고 얼마 안 지났을 때 이분이 전화하셨다.

"전 소장, 나한테 이럴 수 있는 거요? 나한테 바가지 씌운 거야?"
"무슨 말씀이십니까? 바가지라뇨?"

소유권 이전을 하고 다시 땅을 보러 당진에 간 김에 인근 부동산 중개업소에 들르니 이상한 소리를 하더란다. 그 땅은 1억 원이 아니라 5,000만 원짜리며 너무 비싸게 샀다고 했더라는 것이다.

"진정하시고 제 말 좀 들어 보세요. 그건 부동산 중개업소에서 거짓말하는 거예요. 자기들한테서 땅 안 샀다고 괜히 심술 나서 그러는 경우가 있어요. 믿으시면 안 돼요."
"그 사람들이 무슨 이익이 있다고 나한테 거짓말을 해요? 전 소장이 나한테 거짓말하면서 이익을 봤겠지. 나 이거 시세보다 두 배나 비싸게 주고 산 거네. 사기당했어!"

이건 시쳇말로 중개업자가 '고춧가루를 뿌리는 것'이다. 자기 손님도 아니고 거래도 끝난 땅이니까 값을 후려쳐서 이야기하는 것이다. 해서는 안 되는 못된 행태지만 막 땅을 산 투자자는 믿고 만다.

그렇지 않아도 개발 예정지에는 일반인이 생각지 못한 방법으로 한탕 잡으려는 부동산 중개업소들이 많다. 그들은 매물을 확보하기 위해 수단과 방법을 가리지 않는다.

어떻게든 땅 주인의 연락처를 찾아내 값을 비싸게 쳐주겠다며 매도를 종용하는, 이른바 '지주 작업'을 하는데 주로 부동산 중개업소에서 고용한 현지 토박이가 한다. 아무래도 토박이가 지역 동향에 밝고 인맥을 동원해 매물을 확보하는 것이 쉽기 때문이다.

지주 작업을 하는 이들은 땅 주인에게 주변 시세를 정확하게 말하지 않는다. 믿기 힘들겠지만 지주가 자기 땅의 정확한 시세를 모르는 경우가 많다. 그래서 부동산 중개업소는 이익을 극대화하기 위해 실제보다 낮은 시세를 가르쳐 준다.

그렇게 매물을 확보한 뒤에 커다란 마진을 붙여 아무것도 모르는 투자자에게 넘긴다. 말하자면 양쪽에서 마진을 큼직하게 남기는 것이다. 그러니 자기 지역 땅이지만 다 끝난 거래에 고춧가루를 뿌리는 짓을 서슴없이 할 수 있다.

그런데 이분은 내 말을 믿지 않고 나를 사기죄로 고소했다. 살면서 조사를 받으러 경찰서에 불려 간 건 그때가 처음이었다. 너무 어이없고 억울해서 할 말이 없었다.

그래도 다행히 소송까지는 가지 않았다. 경찰이 땅은 정찰제가 아니기 때문에 설령 진짜로 비싸게 팔았다고 해도 고소할 사안이 아니라고 판단했기 때문이다.

이분은 나중에서야 오해를 풀었다. 거짓말을 믿고 고소까지 해서 정말 미안하다고 사과도 했다. 땅을 제값에 샀다는 것을 알게 됐고, 거기다 땅값이 제법 올라서 내게 미안하고 고마웠다는 것이다.

사기꾼으로 몰려 마음고생을 하기는 했지만 결과적으로 땅값이 올랐으니 다행이다. 이분이 속아서 샀다고 생각했는데 속은 게 아닌 데다가 수익도 얻어서 좋게 마무리되었으니 말이다.

내가 전국의 땅을 다 살 수 없으니 좋은 땅을 찾는 분들에게 소개하는 것이다. 소개한 땅의 지가가 훌쩍 뛰어서 살짝 배가 아파도 좋으니 이왕이면 내가 소개한 땅을 산 사람들이 돈을 많이 벌었으면 좋겠다고 생각한다.

밤에 잠자리에 누워서 '아, 그 땅 내가 살걸'하는 아쉬운 마음이 들어도 괜찮다. 오히려 땅값이 폭락해서 원망을 듣고 '그 땅 괜히 소개했네'라는 자책감이 든다면 더 괴로울 것이다.

누구도 손해를 봐서는 안 된다

여러 사람과 공동 투자를 준비할 때 거침없이 돌직구를 날리는 사람들이 있다.

"혹시 기획부동산 직원 아니세요?"
"이거 기획부동산 작품은 아니죠?"

이제 사람들은 기획부동산의 위험을 많이들 알고 있다. 기획부동산의 특징을 두 가지로 정리하면 이렇다.

첫째, 기획부동산은 나처럼 개인이 하지 않는다. 기획부동산은 회사의 규모를 갖추며 신뢰감을 주는 멀끔한 직원을 쓴다. 둘째, 기획부동산은 공동 투자에서 필지 투자가 아닌 지분 투자를 유도한다.

'지분 투자'는 사고자 하는 땅의 어디까지가 내 땅인지도 알 수 없고 금을 그어 특정할 수도 없다. 그냥 이 땅 가운데 '지분 몇 퍼센트(%)'를 내 이름으로 등기하는 것이기 때문이다.

예를 들어 1,000평의 땅에 5명이 공동 투자를 한다면 각각 20%씩, 혹은 정해진 비율로 5명이 지분을 나눠 갖는 것이다. 소유자 전원이 합의하지 않으면 함부로 팔 수도 없다.

반면 '필지 투자'는 1,000평의 땅을 5개로 분할해서 각각 한 필지씩 갖는 것을 말한다. 한 필지의 땅에 한 명의 소유자가 있으니 각자 팔고 싶을 때 팔 수 있고, 큰 분쟁이 일어날 소지가 적다.

나는 공동 투자를 진행했는데, 되도록 필지 투자 방식을 택했다. 처음에는 의견이 잘 맞아 공동 투자를 시작했더라도 언제든지 바뀔 수 있는 게 사람 마음이기 때문이다.

공동 투자를 하려는 투자자가 있다면 무조건 도시락 싸고 다니면서 뜯어말리겠다는 사람도 있다. 지분 투자에서 실패한 사람들의 이야기를 들었거나 직접 경험해서 그럴지도 모른다.

지분 투자의 경우 누구는 팔고 싶은데 누구는 더 보유하고 싶으면 분쟁이 일어나기 쉬운 구조다. 그러나 필지 투자는 본인 소유로 필지를 등록하기 때문에 언제든지 원할 때 땅을 팔 수 있다.

공동 투자는 잘 쓰면 약이 되지만 독이 될 수도 있다. 그래서 더욱 철저한 과정이 필요하다. 투자 기간과 예상 수익률을 정확히 명시하고 변호사의 공증을 받아야 한다. 또한 투자 기간이 종료되거나, 예상 수익률을 달성하면 매도해야 한다.

투자자들 간의 신뢰와 약속도 중요하다. 한 사람이 다른 투자자들을 배신해서 공동 투자가 실패로 끝날 위험도 있다.

실제로 몇 년 전, 투자자 5명이 2,000만 원씩 모아서 공동 투자를 했는데 결과가 좋지 않았다. 땅값이 3배 이상 상승하자 한 명이 다른 4명의 인감을 도용해 땅을 팔고 자취를 감춘 것이다. 그래서 다른 투자자의 집이 경매로 넘어가기도 했다.

이러한 일을 방지하기 위해 공동 투자 시스템을 주도하면서도 신뢰할 수 있는 전문가를 찾는 것이 중요하다. 좋은 물건을 찾을 수 있으며, 공동 투자자들의 이해관계를 현명하게 조율할 수 있는 리더를 둬야 성공적인 투자를 할 수 있다.

나는 이제까지 카페 회원들과 함께 10여 건 정도의 공동 투자를 진행했는데 단 한 건의 불미스러운 일도 일어나지 않았다. 돌이켜보면 나를 믿고 따라 준 회원들에게 정말 감사하다.

공동 투자를 이끌 때 나는 한 가지 원칙을 꼭 지켰다. 그건 '어느 누구도 손해를 봐서는 안 된다'는 것이다. 한두 사람만 이득을 취하는 모양으로 돌아가면 공동 투자는 재앙이 된다. 필지 분할을 할 수 있는 땅, 분할 후 모두에게 이익이 골고루 돌아가는 땅을 고르기 위해 수많은 시간을 들여 발품 팔았던 게 성공으로 가는 비결이었다고 생각한다.

CASE 1

처음 해 본 공동 투자

2008년에 당진을 내 집 드나들듯 하며 답사를 자주 다닐 때였다. 현지인을 통해 당진 석문국가산업단지 뒤쪽에 2,645m² 가량의 대규모 토지가 매물로 나온 것을 알게 되었다.

모양도 장방형의 예쁜 땅으로 2차선 도로변에 붙어 있었다. 주변 시세를 알아보니 3.3m²당 25만~30만 원대였는데 이 땅은 평당 20만 원에 나왔다. 입지, 모양, 가격이라는 세 가지 요소 모두 좋았다. 사실 당진에서 이만한 땅을 만나기란 쉬운 일이 아니다.

나는 당시 초보 투자자를 벗어났지만 경매와 공매를 통해 소액으로 투자할 수 있는 땅에 집중할 때였다. 그래서 다른 분께 소개했는데 한 사람이 매입하기엔 부담스러운 규모여서 결국은 공동 투자를 하는 쪽으로 방향을 틀었다.

내 추천으로 땅을 산 경험이 많은 카페 회원, 장기 적금을 타서 새로운 투자처를 찾고 있던 가정주부, 토지답사에 열심히 참여했

1천만 원이 100억 되는 땅에 투자하라

던 직장인. 이렇게 세 사람이 관심을 보여 답사와 스터디를 여러 번 가졌다. 모두 땅의 입지, 모양, 가격을 마음에 들어 했다.

일은 일사천리로 진행되어 곧바로 각각 5,000만 원 가량을 투자해서 땅을 매입하기로 했다. 모든 투자 내역은 문서로 정리해서 함께 확인하고 보관했다.

매입 후에는 바로 필지 분할에 착수했다. 도로를 끼고 분할하기도 쉬운 모양을 가지고 있었던 터라 각각 $882\,m^2$씩 분할해서 가졌다. 투자자 세 사람 모두 그 자리에서 주변 시세대로 $3.3\,m^2$당 5만 원 이상의 수익을 낼 수 있었다.

'어느 누구도 손해를 봐서는 안 된다'라는 원칙에 제대로 부합하는 공동 투자였다. 성공적인 공동 투자를 이끈 경험은 내 토지 투자에도 소중한 밑거름이 되었다.

CASE
2

최대 인원이 참여한 공동 투자

내가 진행한 공동 투자 중 가장 많은 인원이 참여했던 2011년을 잊을 수 없다. 마침 평창 동계올림픽 유치 소식이 전해지면서 전 국민의 관심이 평창에 몰리던 시기였다.

이전부터 투자자들의 발길이 이어졌기에 입지 좋은 지역은 이미 지가가 상당히 올라 3.3㎡당 50만~100만 원까지 갔다. 동계올림픽 유치 효과로 작은 필지는 매물이 나오는 즉시 현지에서 소화되었기 때문에 물건을 구경하는 것조차 하늘의 별 따기였다.

하지만 발품을 팔면 없던 땅도 나타난다. 나는 평창 진부면에 자리한 8,265m² 규모의 땅이 3.3㎡당 27만 원에 나온 걸 발견했다.

영동고속도로 진부 IC에서 5분 거리에 위치하고, 바로 앞에 야산과 계곡이 있어 활용 가치도 높아 보였다. 하지만 워낙 규모가 크고 업체가 잡기에는 단가가 좀 세다 보니 한참이나 주인을 찾지 못했던 모양이다.

1천만 원이 100억 되는 땅에 투자하라

내가 통으로 매입하고 싶었지만 매도가가 무려 6억 7,000만 원이었다. 그래서 나와 친분이 있거나 공동 투자를 해 본 카페 회원들에게 이 사실을 알리고 세 차례에 걸쳐 답사를 다녀왔다.

처음에는 5~6명 정도가 참여하리라 예상하며 공동 투자를 진행했으나, 진행 과정에서 참여를 희망하는 사람들이 늘어나 결국 10명이 6,700만 원씩 투자해 땅을 매입했다.

그리고 필지를 분할하는 순간 3.3m^2당 35만 원으로 가격이 수직상승했다. 모두가 개별 등기를 마쳤으므로 처분 시점은 각자 정하겠지만, 나는 평창올림픽이 개최될 때까지 지가가 꾸준히 상승할 것으로 판단해 2017년까지 보유했다.

공동 투자라고 하면 기억에 남는 사람이 두 분이 있다. 60대 안팎의 중년 여성들이었는데, 좋은 친구 사이였다. 1억 원짜리 땅은 혼자 사려면 부담스러우니까 서로 5,000만 원씩 투자하는 방식으로 몇 개의 땅에 공동으로 투자했다.

그분들은 지금까지 보유하고 있는 땅도 있고, 중간에 판 땅도 있다. 친구와 함께 토지답사도 가고 상의도 하면서 서로 의지하며 투자하는 모습이 참 좋아 보였다.

주부들이 용량이 큰 상품을 친구나 자매끼리 공동으로 구매하여 반씩 나눠 쓰는 알뜰한 살림을 한다는데, 이처럼 땅도 하나의 큰 상품이라고 생각하면 된다.

혼자서 1억 원짜리 땅 하나를 사기보다 2억 원짜리 땅을 함께 사고 팔아서 수익이 생기면 반 나누면 된다. 나중에 불상사가 생기지 않기 위해 약정서를 쓰면 더 좋다.

사실 아무리 경매라도 1,000만 원으로 좋은 땅을 잡는다는 것은 지극히 어려운 일이다. 그러나 입지도 좋고 하자도 없는 좋은 땅이 5,000만 원에 나왔을 때 6명이 공동 투자를 하면 인당 800만 원대의 자금으로도 투자 가능하다.

의지와 실행력만 있다면 소액으로도 얼마든지 투자 가능한 게 땅이다. 특히 공동 투자는 요즘 같은 부동산 불황기에 빛을 발한다. 믿을 만한 전문가나 고수들과 얼굴을 익히고 친분을 쌓으면 좋은 공동 투자의 기회를 잡을 가능성이 높다.

좋은 물건을 선정할 수 있는 전문가 만나기, 투자자들끼리 신뢰하기, 모든 투자 내역은 문서로 확인하고 보관하기. 이 세 가지만 지키면 공동 투자의 성공 확률이 크게 올라간다.

내가 진행했던 공동 투자가 모두 성공한 것도 원칙에 충실했기 때문이다. 거기다 누구도 손해 보지 않는 공평한 이익에 대한 나의 집착이 함께했던 투자자들의 높은 만족도와 신뢰를 얻어냈다.

경품으로 땅을 준다고?

나는 일을 잘 만든다. 가만히 있으면 좀이 쑤시는 편이라 일을 만들어서라도 하기 때문에 토지 투자가 내 체질인가 싶기도 하다. 가만히 앉아 있는 게 힘든 나로서는 주어진 일을 매일 반복적으로 해야 하는 직장생활보다 얼마든지 일을 만들어서 할 수 있고, 반대로 조절할 수도 있는 투자를 할 때 스트레스가 적었다.

2016년은 특히 왕성하게 활동하던 때였다. 토지 투어에 참여하는 회원들이 많아 토지답사도 잦았고, 강의 요청이 쇄도했고, 새로운 토지 투자 실전서도 준비하고 있었다. 눈코 뜰 새 없이 바빴지만 피곤한 줄도 모르고 전국을 돌아다녔던 것 같다.

그러면서도 뭔가 재미있고 의미 있는 일을 하고 싶었다. 부가적으로 그 일이 화제가 되어서 '대박땅꾼'을 알리는 계기가 된다면 좋겠다고 생각했다.

재미와 보람과 사심을 모두 채우려고 기획한 것이 유튜브 채널 '대박땅꾼 아카데미'에서 진행했던 '땅땅땅 이벤트'였다. 한 마디로 추첨을 통해 당첨자에게 땅을 주는 이벤트다.

어떤 상품을 사면 사은품이나 경품을 주는 행사는 많지만, 아직까지 상품으로 땅을 줬다는 소리는 못 들어 봤다.

듣도 보도 못한 경품으로 소문이 나지 않을까. 많은 분이 응모해서 자신의 땅을 갖는 기쁨을 누리는 분이 나오고, 그것이 작은 희망의 씨앗이 되어 땅에 대한 관심을 높이고 직접 투자를 시작하는 계기까지 된다면 더없이 좋을 것 같았다.

우선 나는 대형 로펌에 문의해서 무상으로 땅을 주는 행위가 법적으로 문제 없는지 확인했다. 로펌 측에서 아무 문제가 없다는 답변을 줘서 바로 준비에 들어갔다.

아무나 응모할 수 있게 하는 것보다 평소 토지 투자에 관심이 있어서 내 유튜브 채널도 구독하고, 더 나아가서 책을 구매하는 적극적인 분들을 대상으로 진행하기로 했다.

마침 내 책 중 하나인 〈집 없어도 땅을 사라〉가 출간된 지 얼마 지나지 않았을 때라 〈대박땅꾼의 그래도 땅을 사라〉까지 총 두 권을 구매한 독자들이 책 구매 영수증을 인증하는 방식으로 정했다.

증정될 땅은 새만금 개발지에서 멀지 않은 부안의 개암사로 들어가는 길목에 있는 임야였다.

"제가 드릴 땅의 사진을 봐 주세요. 이 땅은 도로를 접하고 있어서 맹지가 아닙니다. 하지만 당장은 건축제한이 있다는 단점이 있어요. 제가 이곳을 매입한 이유는 새만금이 개발되면 거기에 영향받는 거리에 있다는 것과 2023년 세계 잼버리 대회랑 새 국제공항 등의 호재가 있다는 점 때문이었어요. 여기 제 임야 4,000평이 있는데요. 매달 한 분씩 추첨해서 100평씩 드릴 겁니다. 그러면 당첨자분들은 공동 투자를 했다고 생각하시고 10년 정도 잊었다가 나중에 같이 파는 겁니다. 아셨죠?"

나는 응모한 사람의 닉네임이 적힌 추첨함을 앞에 놓고 실시간으로 추첨했다. 처음엔 20명으로 시작했지만 한 달이 지나고 두 달이 지나자 응모자가 늘어났다.

"항상 이 순간이 제일 떨리네요. 지금 신청하신 분은 130명 정도 됩니다. 130분의 1이죠? 확률은 로또보다 높습니다. 웬만한 아파트 청약에 당첨되는 것보다 높은 확률이니까 앞으로도 포기하지 마시고 꼭 응모하셨으면 좋겠네요. 이제 추첨하겠습니다. 과연 어떤 분이 행운을 가져가실지 저도 궁금하네요. 네, 뽑았습니다. 닉네임이 아주 재밌는 분이시네요. 닉네임이 이응으로 시작하시는 분이고요, 첫 글자가 우입니다. '우카카 14님' 축하드립니다! 저희가 따로 연락을 드릴 테니까 꼭 연락을 받으시길 바랍니다. 땅땅땅 이벤트에 당첨되신 걸 진심으로 축하드립니다."

내가 다 기분이 좋아서 신났다. 누군가에게 기쁨을 줄 수 있다는 것이 기뻤다. 그러다가 추가 보너스 상품을 내놓기도 했다.

"딱 한 명만 뽑으니 나머지 분들은 너무 아쉬우시죠? 네, 여기서 끝내면 아쉬우니까 두 분을 더 뽑겠습니다. 이분들께는 제가 진행하는 38만 원 상당의 4주짜리 수강권을 드리도록 할게요. 뽑히신 분들은 제 강의를 들으러 와 주세요. 그럼 뽑겠습니다."

회차를 거듭할수록 응모자가 늘어나서 어떤 회차는 300명 가량이 응모하기도 했다. 실시간 댓글창도 전보다 북적거렸다.

관심은 아주 작은 것에서, 생각지도 못한 것에서 시작될 수 있다. 그 관심을 가졌으면 하는 마음으로 시작한 '땅땅땅 이벤트'는 모두 10회를 진행했다. 화제성은 모르겠지만 뜨거운 성원을 받았던 이벤트가 1년 가까이 이어지는 내내 나도 즐거웠다.

당첨자들에게 경품을 전할 때 정규 강의 수강권은 우편으로 전달하고, 토지 당첨자는 내 사무실로 오시게 했다. 약속했던 땅의 소유권 등기를 마쳐서 전달하면서 보니 다들 얼떨떨하면서도 기분 좋은 얼굴이었다.

"생전 복권은 말할 것도 없고 대단치 않은 행운권도 당첨된 적 없는 사람인데, 생애 첫 경품 당첨이 땅이라니 믿을 수가 없네요. 감사합니다."

이런 행운을 드릴 수 있는 분을 뽑았다는 게 기쁘고 보람 찼다. 더군다나 당첨자 모두가 내 책을 읽어 준 독자라고 생각하니 더 친근하게 느껴지고 감사한 마음이 들었다.

이런 이벤트를 언제 또 할 수 있을지 모르겠지만, 내 땅을 갖는다는 게 그렇게 어려운 일이 아니라는 것, 소액 투자로도 얼마든지 시작할 수 있다는 것을 알림으로써 많은 사람들이 지금보다는 풍요롭게 살 수 있도록 도움을 주고 싶다.

비싼 강의 요청을 사양하는 이유

내가 토지 투자 강의를 시작한 시기가 2009년 무렵이었다. 강의만 15년을 한 셈인데 토지 투자 경력이 20년이라는 걸 생각하면 토지 투자 초기부터 강의를 시작한 것이다.

2010년에 카페를 개설하고 3년이 지났을 무렵부터 강의 요청이 쇄도하기 시작해서 수도권뿐만 아니라 전국으로 강의를 다녔다. 지방 기업들이 직원들에게 부동산 재테크 강연을 많이 제공했는데, 나는 그런 곳에 강사로 초빙되어서 갔다.

한 시간 동안 강의하고 적지 않은 강의료를 받으니까 기분이 좋았다. 큰 기업에서 나의 전문성을 인정하고 그에 따른 대접도 충분히 해 준다고 생각하니 지방까지 다녀도 피곤한 줄 몰랐다.

그런데 어느 순간부터 신이 나지 않았다. 강의를 듣는 사람들의 반응이 시큰둥한 것을 넘어 무관심에 가까웠기 때문이다.

다른 것도 아니고 돈을 버는 방법이니까 대부분 관심을 가질 것 같지만 꼭 그렇지도 않다. 그냥 회사에서 들으라고 하니까 앉아 있는 느낌이지 진심으로 관심이 있다 싶은 사람이 몇 명 없었다.

때로는 '내가 여기서 무슨 혼잣말을 하고 있나?' 싶은 자괴감이 들었다. 애초에 관심이 없는 사람들이 모인 자리라는 걸 알았다면 강의 요청을 사양했을 것이다.

강의료를 적게 받더라도 눈을 반짝이며 관심 있게 듣는 사람이 많은 강연 자리가 훨씬 좋았다. 그래서 그다음부터 기업의 요청은 정중히 거절했다.

강사 입장에서는 강의에 관심 있는 사람들이 모여야 그 에너지를 끌어모아 열심히 강의할 수 있다. 그런 곳에서는 수강자들이 내가 주는 정보를 쭉쭉 빨아들인다는 느낌이 든다.

그래서 재테크 모임이나 투자 모임 같은 소그룹 대상 강의나 정말 듣고 싶어 하는 사람들이 모인 자리에 가서 강의를 했다. 남들이 하지 않는 방식으로 조용히 수익을 볼 수 있는 소소한 정보를 전하고 당신도 충분히 토지에 투자할 수 있다, 어렵지 않다고 격려하다 보면 질문이 쏟아진다.

부산에도 카페 회원이 많아서 코로나19 팬데믹 전에는 두 달에 한 번씩 부산에 내려갔다. 많을 때는 한 강의실에서 30~40명 가량을 만날 수 있었다. 이때 가장 배우고자 하는 열정이 느껴진다. 부동산이나 재테크에 관심이 많은 수강생들이라 벌써 눈빛이 반짝거리고 기대감이 엿보여서 강의하는 나도 좋은 기운을 받는다.

토지 투자에 관한 질문이라면 웬만한 건 전부 답변할 수 있기 때문에 강의 후에 분위기가 더 뜨거워지는 경우도 있다. 지금까지 수없이 받은 질문에 대한 데이터도 있고, 제도와 법에 대한 지식이나 개발 계획에 대한 정보도 꾸준히 업데이트하고 있기 때문에 어렵지 않게 답변하다 보면 시간이 금방 지나간다.

거기서 만난 한 회원은 내가 강의하는 곳마다 빠지지 않고 왔다. 수강료가 적지 않았는데도 몇 차례에 걸친 강의를 매번 듣고, 강의가 끝나면 따로 찾아와 질문도 많이 했다.

이런 분이 계시면 강의 준비를 더 잘하고 싶어진다. 중복되는 이야기라도 조금 다른 버전으로 새로운 정보를 추가해서 전하기 위해 노력한다.

이 회원은 여러 차례 강의를 들은 끝에 내가 추천하는 토지에 투자하기 시작했다. 처음엔 한두 번 정도 투자하는 데서 그칠 줄 알았는데 무려 10개 정도를 매입해서 놀랐다.

다행히 몇 년 지나지 않아 매입한 땅 대부분이 지가가 2~3배 오르는 놀라운 결과가 나왔다. 내가 강의를 하러 갔다가 만난 분들 중 가장 성공한 케이스였다.

"소장님, 고마워요. 덕분에 좋은 일만 있어요."

"아닙니다. 저를 믿어 주시니 제가 다 감사하죠. 투자를 결정하는 건 선생님 안목이었습니다."

그분과 나 사이엔 이런 훈훈한 덕담만 오간다. 입에 발린 말이 아니라 진심이 담겼다. 아무리 좋은 땅이라도 그것을 소개한 전문가를 신뢰하지 않으면 투자하기 힘들고 투자자도 나름대로 안목을 가지고 결정을 내려야 한다.

그분도 토지를 보는 안목이 있었기 때문에 내 말을 신뢰했을 것이다. 아무것도 모르면 누군가 사기를 친다고 해도 알지 못하고 당할 가능성이 높다.

내게도 기획부동산에 사기당하고 상담하러 오시는 분들이 많다. 상황을 조금만 들어도 '전형적인 기획부동산 작품'이라는 생각이 들어서 더더욱 안타까웠다.

기획부동산의 특징이나 그들의 권유 방식 등에 대해 조금만 알고 있었어도 그렇게 어이없게 당하지는 않았을 것이다. 안타깝지만 회사가 사라지면 투자금은 찾기 어렵다고 봐야 한다.

내용이 중복되더라도 내가 출간한 투자 실전서마다 기획부동산의 수법이나 특징을 서술했던 이유도 이런 안타까운 일이 더 이상 일어나지 않길 바라는 마음에서였다. 내 책을 한 권이라도 읽은 독자라면 기획부동산에 대해서만큼은 잘 알길 바랐기 때문이다.

성공적으로 투자하기 위해선 내가 먼저 공부해야 한다. 알고 있는 이야기라도 잊지 말고 내 것으로 만들기 위해 공부를 반복하고, 현장으로 달려가서 눈으로 확인하며 실전 경험치를 늘려가야 한다.

전문가와 교류하며 투자 기술을 배우고 필요할 땐 컨설팅비를 아까워하지 말고 도움을 받아서 투자한다면 다른 부동산보다 실패 확률이 적고 안정적인 토지 투자의 길이 열릴 것이다.

20년 차 장기근속

나는 2015년 2월부터 유튜브 채널 '대박땅꾼 아카데미'를 운영하기 시작했다. 10년 가까이 토지 투자와 관련해서 피가 되고 살이 되는 콘텐츠를 500개 가까이 업로드했다.

유튜브를 찍으면서 내 콘텐츠에 대한 구독자의 반응을 보기 위해 댓글을 읽기 시작했는데 수많은 댓글 가운데 지금까지 기억에 남는 것이 하나 있다.

"유튜브는 무료인데 무료 콘텐츠에서 이렇게 알짜 정보와 노하우를 다 얘기하는 걸 보면 좀 감동이다."

내가 볼 때 이 댓글을 쓴 시청자는 토지 투자에 대한 이해가 높고 지식도 상당할 것 같다. 그래서 제대로 봤을 것이다.

나는 유튜브 유료 멤버십도 운영하고 있지만 토지 투자 실전 노하우는 무료 콘텐츠에 거의 다 있다. 그것만 잘 살펴도 많은 것을 배울 수 있다. 내가 가진 정보를 거리낌 없이 푸는 데는 이유가 있다.

토지 시장은 일반인보다 고수가 많다. 그런데 지금은 기존 투자자 말고도 땅에 관심을 가진 사람들이 정말 많아졌다. 부를 축적하는 데 부동산 투자만 한 것이 없다고 생각하는 사람들이 많아진 것이다. 특히 요즘은 아파트로 돈을 버는 시대는 지나갔다는 생각에 토지로 눈을 돌리는 사람들이 부쩍 늘어났다.

관련 강좌에 모이는 사람들만 봐도 알 수 있다. 내가 한창 경매 학원에 다닐 때는 강의실에 20대 청년이 나 하나뿐이었다. 수강생은 나이 지긋한 중장년층 남성이 주를 이뤘는데 지금은 내가 하는 강좌의 수강생만 해도 30~40대 청년과 주부들이 적지 않다.

이런 변화를 현장에서 피부로 느끼며 내가 토지 투자자로 살았던 시간이 새삼 길다는 걸 깨닫는다. 20년간 내 곁을 지나간 사람들만 해도 1만여 명이 넘는다. 그리고 내 연구소와 사무실을 거쳐간 직원은 100여 명이 넘는다.

그러나 그중 계속 공부하고 투자하며 지금도 현장에 있는 사람을 찾아보기 어렵다. 가장 안타깝게 생각하는 경우는 상당한 지식을 가지고 있는데도 한 번도 실제로 투자하지 않고 포기한 분들이다.

시간과 비용과 에너지를 쏟아 습득한 지식과 정보를 머릿속에 두는 것으로 만족하지 않으면 좋겠다. '구슬이 서 말이라도 꿰어야 보배'라는 말처럼 지식과 정보는 활용해야 가치가 있다.

지식이 실전 투자로 이어지지 않으면 아무 일도 일어나지 않는다. 오직 투자로만 지식과 정보의 가치를 증명할 수 있으며, 반대로 그 지식과 정보만이 투자를 성공시킬 수 있다.

그래서 유튜브에서 많은 노하우와 알짜 정보를 다 공유하는 것이 아깝지 않다. 다 썼으면 하는 마음이 가득하다. 내가 경매, 맹지, 농지 등에 대해 전문가가 될 수 있도록 깊이 가르쳐 주신 세 분의 스승님도 당신께서 알고 계신 지식을 아낌없이 주셨다.

그분들은 이구동성으로 '지식과 정보만 가지고 있다고 투자를 잘하는 건 아니다, 발품을 팔아야 한다'고 강조하셨다. 그래야 투자할 땅, 사고 싶은 땅이 보이고 제대로 살 수 있다는 것이다. 나는 내가 잘나서가 아니라 그분들의 조언을 따라서 성공했다고 생각한다.

"소장님. 소장님 같은 분은 소장님 한 사람뿐인 것 같아요."

언젠가 한 회원으로부터 이런 말을 들었는데 무슨 의미인지 몰라 빨리 대답하지 못하니 설명이 이어졌다.

"20대부터 한눈 팔지 않고 지금까지 투자자로 계셨잖아요. 현역으로 토지 투자 전문가와 토지 투자자의 길을 동시에 걷는 분이 또 있나요?"

"하하…. 저도 저 같은 사람을 아직 못 본 것 같긴 합니다."

"토지 투자 역사의 산증인이시네요. 이런 분이 많지 않은 걸 보면 토지 투자가 어려운 일이 맞나 봐요."

"아니에요. 누구나 저처럼 하실 수 있어요. 저는 직업으로 선택했잖아요. 저처럼 평범하고 특별한 재능이 없는 사람이 가질 수 있는 직업인 걸 보면 다른 분도 하실 수 있어요."

그냥 하는 말이 아니다. 나는 100만 평을 가진 대지주가 되겠다는 큰 꿈을 가지고 있지만 전업 투자자는 그냥 하나의 직업일 뿐이다.

먼저 많은 시간을 들여 공부했고, 지속적으로 투자했고, 거기서 얻은 투자 노하우를 정리했고, 정리한 것을 다른 사람들에게 알려주면서 나처럼 성공적인 투자를 할 수 있도록 조언했다. 그래서 회원들의 성공적인 투자는 나의 영광이자 커리어였다.

물론 이 모든 일을 적당히 쉬거나 놀면서 할 수는 없었다. 직장인들은 힘들어도 출근하고, 괴로워도 야근하고, 상사가 나를 잡아먹으려고 하거나, 동료가 열받게 해도 꾹 참으며 일한다.

그래서 나도 힘들다고 그만두거나 어렵다고 도망가지 않았다. 어려운 상황이 닥쳐도 어떻게든 헤쳐 나왔을 뿐이다. 직업이니까 그렇다. 토지답사는 가장 중요한 '업무'이기 때문에 매일 갔고, 강의 역시 빼놓을 수 없는 '업무'이기 때문에 매일 수강생을 만나러 갔다. 토지사용승낙서를 받는 일은 필수적인 '업무'이기 때문에 지주를 만나러 갔고, 공무원이 농취증 발급을 안 해 주면 내 '업무'에 차질이 생기니 읍소를 해서든 싸워서든 받아냈다.

나는 한 회사에서 20년 동안 성실하게 근속한 회사원처럼 투자했을 뿐이다. 다만 토지 투자라는 방식, 수익의 규모가 직장인의 월급과는 차이가 크기 때문에 20년 동안 이어진 토지 투자는 나에게 부를 안겨 줬다.

이제 한 회사에서 20년씩 근속하는 일은 점차 사라질 이야기다. 대기업일수록 장기근속은 어렵고, 젊은 세대는 장기근속을 그렇게 매력적인 커리어로 보지도 않는다.

대기업 입사 1년 만에 퇴사하는 신입 사원 비율이 높고, 공무원 시험은 경쟁률이 매해 최고치를 갈아치울 때가 엊그제 같았는데 그 인기가 금방 사그라들었다. 이제는 초등학생 때부터 의사가 되기 위한 경쟁에 어린 자녀의 등을 떠미는 상황이라고 한다.

'어떻게 살아야 할까'가 곧 '어떤 일을 하면서 살아야 할까'가 되어 버린 시대다. 이렇게 불안한 시대에 '투자'는 그게 무엇이든, 어떤 분야든 평범한 직장인에게도 점점 선택에서 필수로 바뀌는 추세다.

부업으로서 투자의 위치는 이미 탄탄해졌다. 토지 투자 분야에서 장기근속한 내가 자신 있게 할 수 있는 말은 다음과 같다.

"토지는 소액으로 할 수 있고, 리스크가 적은 안정적인 투자처입니다."

완벽하지만 끝내 놓친 땅

20년간 전국 곳곳의 토지를 보기 위해 답사를 다니다 보니 어느 새 나는 자연 친화적인 사람이 됐다. 어쩌면 원래부터 자연 친화적인 사람이어서 땅이 좋았던 건지도 모른다.

내 고향은 충청도 서산으로 어릴 때 잠깐 살다가 서울로 이사 갔지만, 친지들은 계속 그곳에 있었기 때문에 방학이나 명절이 되면 꼬박꼬박 서산으로 갔다. 사촌들과 낚시하고 조개를 잡는 일들이 재미있어서 서산에 가는 걸 꽤 좋아했고, 그 추억이 오래도록 나의 내면을 건강하게 만들었던 것 같다.

서울로 이사 와서는 쭉 강동구에서 성장했다. 초, 중, 고등학교를 모두 근처에서 졸업했기 때문에 가장 익숙하고 편안한 지역이다. 결혼하고도 계속 여기서 살았으니 강동구 토박이라고 해도 무리가 없다.

내 아이들이 쑥쑥 자라고 아파트 층간 소음이 신경이 쓰이면서 답답해질 무렵, 근처에 하남 신도시가 개발되고 있었다. 자연스럽게 하남 신도시에 있는 택지에 눈이 갔다. 늘 주택에서 사는 삶을 꿈꿨는데 도심의 편의성도 함께 누리기 위해 신도시 안에 있는 택지에 집을 짓자고 생각했다.

하남 신도시의 택지는 우리 집터 후보지로서 가장 현실적인 곳이었다. 풍산동은 JTBC 예능 프로그램 〈한끼줍쇼〉에도 나온 곳으로, 그 동네에 아주 마음에 드는 예쁜 집이 있었다. 마트에 갈 때마다 항상 눈길이 갔다.

2018년은 대출도 잘 나올 때라 나도 집을 지어 보겠다는 마음으로 시세를 알아봤다. 땅과 건물을 합해 10억 원 정도였다. 당시 그쪽은 70여 평 택지가 대부분이었고 땅값은 6억~7억 원 선이었다. 집을 아주 크게 짓겠다는 계획은 아니어서 큰 땅을 살 생각이 없었으니 그 정도면 적당했다.

빈 택지를 찾아보다가 드디어 마음에 쏙 드는 땅을 발견했다. 앞에 개울이 흘러서 물소리가 들리는 곳이었다. 이런 터를 만난 것만으로도 기분이 정말 좋았다. 거기다 그 터에서는 아파트가 보이지 않았다. 그냥 고만고만한 단독 주택만 조금 보였고 푸른 하늘이 시원하게 펼쳐졌다.

'여기다! 우리 집은 여기다!'

이 땅을 꼭 내가 사겠다는 집념이 생기자 내 마음에 불이 붙은 것을 직감했다. 나는 평상시엔 내성적이고 느긋한 성격이지만 목표가 생기면 사람이 달라진다. 평소에는 꺼져 있던 부스터가 갑자기 켜진다고 해야 할까. 움직임이 빨라지고 추진력이 생기기 시작한다.

'나는 이제 곧 집을 짓겠구나!'

나는 바로 부동산 중개업소로 달려갔다. 그러나 계약금을 걸려고 하자 이미 다른 사람이 가계약을 했다는 청천벽력 같은 소식이 들리는 게 아닌가! 그래도 포기할 수 없었다.

"제가 꼭 사고 싶은데 어떻게 안 될까요?"
"벌써 가계약금 500만 원을 넣었어요. 이러면 어쩔 수 없어요. 얼마 안 됐는데 조금만 빨리 오시지."

머리에서 열이 나는 것 같고 그냥 막 화가 났다.

"지주 연락처 좀 가르쳐 주세요."
"그건 곤란해요."

나의 집요함에 발동이 걸렸다. 지주를 찾는 일은 내 전문이 아닌가. 지주를 만나 설득하는 일도 내 전문이다. 지주의 집으로 찾아가 벨을 누르니 70대 어르신이 나를 보고 엄청나게 놀라셨다.

"아니, 누군데 다짜고짜 찾아와 땅을 팔라고 이 난리요? 이미 팔렸어요."
"놀라셨죠? 정말 죄송합니다. 가계약 된 건 알고 있지만 제발 이 땅을 저에게 파시면 안 되겠습니까? 제가 그 땅이 꼭 필요해서요, 부탁드립니다."
"아니, 이 사람이 미쳤나…."

나는 아예 무릎을 꿇고 읍소했지만, 어르신은 나가라고 소리치셨다. 나는 끝내 지주를 설득하는 데 실패했다. 토지 투자 13년 차에 가장 갖고 싶은 땅의 지주를 설득하지 못했다는 자괴감이 며칠 동안 나를 괴롭혔다.

나는 그 땅을 놓친 게 아까워서 잘 마시지도 않는 술을 마시며 며칠 내내 괴로움에 허우적거렸다. 투자를 위한 땅이었다면 이 정도로 아깝지 않았을 것이다. 내 집을 지을 땅이었다고 생각하니 더 안타까워서 막무가내로 졸랐던 것 같다.

지금 생각하면 계약이 성사되기 전도 아니고 이미 가계약금이 입금된 상태라 지주가 그런 반응을 보인 건 당연했다. 시간이 지나니 괴로움은 서서히 진정되었지만 미련을 완전히 버리기는 어려웠다.

전화위복이 된 집 짓기

그 일이 있고 얼마 지나지 않아 부동산 중개업소로부터 전화가 왔다. 택지가 하나 있는데 보겠냐는 것이었다.

"사장님! 뭐 하세요? 지금 시간 있으세요? 그 후에 내가 택지를 알아봤잖아요. 사장님이 그때 너무 절실해 보여서 괜히 내가 다 미안하더라고요."

그 이야기를 다시 꺼내니 좀 부끄럽기도 하고 머쓱하기도 했다. 고맙다고 하고 택지가 있는 곳으로 갔다. 망월동의 100평짜리 땅 두 개가 나란히 놓인 매물이었다.

하나를 골라야 하는데 주변 지인들에게 물어보니 대부분 코너에 있으면서 좁은 도로를 낀 쪽이 낫겠다고 했다. 그런데 코너는 집을 끼고 도는 차들이 많아 소음이 있을 것 같았다. 그래서 한 블록 더 들어가 중간에 낀 조용한 터를 골랐다. 지금 생각해도 대단히 현명한 결정이었다.

땅값은 8억 원에 3억 원의 프리미엄을 붙여서 총 11억 원에 샀다. 지금은 그때보다 지가가 두 배가량 올랐다. 대지 면적 100평에 50평짜리 지하 1층, 지상 4층짜리 건물을 지었다.

1~2층은 월세를 받는 임대로 내놓고 지하와 3~4층은 우리가 쓴다. 작은 수영장과 골프 연습장을 넣었고 지하는 혼자 쓰기가 아까워 상업 시설인 파티룸을 만들어 공간 대여를 하고 있다.

이 땅을 선택한 건 전화위복이었다. 터만 봐서는 집 앞에 개울물이 흐르는 택지가 더 좋지만, 내가 집안에 들이고 싶은 시설을 모두 넣으려면 공간이 부족해서 후회했을 것 같다.

내 식구들이 사는 집으로는 부족함이 없겠지만 임대할 공간을 내는 것은 엄두도 못 내고, 수영장이나 골프 연습장을 넣는 것도 빠듯했을 것이다. 그제야 놓친 땅이 조금도 아쉽지 않아졌다.

나는 2019년에 땅을 매입하고 2020년에 착공했다. 집을 짓겠다고 결심한 순간부터 약 3년을 준비하며 지었다. 국내에서 열리는 건축 박람회에는 다 갔고, 값싸고 질 좋은 목재를 찾으러 중국과 일본에서 열리는 건축박람회까지 다녀왔다.

나무를 좋아해서 내부도 목재로 설계했는데, 특히 히노끼로 마감한 욕실에 들어서면 기분이 좋아진다. 구조도 마음에 들고 아쉽거나 후회되는 부분이 거의 없다. 집을 설계하는 데 필요한 프로그램인 캐드까지 배워 건축사에게 직접 설명했으니 개인으로서 할 수 있는 건 전부 한 셈이다.

집은 2022년에 완공됐다. 건축비는 땅값만큼 들어서 토지와 건물을 모두 합해 20억 원대 초반이 들었다. 대출을 많이 꼈지만 1~2층에서 나오는 월세로 대출을 갚아 나갈 수 있으니 부담이 없다.

가장 운이 좋았던 건 코로나19가 유행하기 전, 그러니까 건축 자재의 값이 오르기 직전에 집을 지었다는 점이다. 지금은 10억 원의 건축비로는 이 집을 짓기 어려운데 집값도 크게 올랐으니 더 바랄 것 없이 만족한다.

그 후 나는 제주시 애월읍에 33평짜리 단독 타운 하우스♥를 지었다. 원래는 땅을 사고 이동식 주택을 갖다 놓으려고 했다가 마음을 바꿔 제대로 지었다. 제주에 내려가면 편히 머물다 올 공간도 필요했

♥ 공동 주택의 한 형태로, 2개 이상의 주택을 한 채로 붙여 지은 집을 말한다. 대체로 저층이고 정원도 공유한다.

기 때문에 세컨드 하우스라고 생각했다.

이동식 주택을 짓는다면 땅값을 포함해서 2억 원 정도면 충분하지만, 3층짜리 집을 제대로 지으면서 땅값을 포함해 5억 원이 들었다. 현재 1층은 제주 '대박땅꾼 랩'을 운영하고, 2~3층은 '제주 한 달 살기'로 임대하면서 월 200만~300만 원의 수입을 얻는다.

1층 창에서만 밖을 내다봐도 전망이 시원하게 트여서 저 멀리 바다가 보이는데, 2~3층의 전망은 사방이 훤히 뚫려서 이보다 더 훌륭할 수가 없다.

게다가 방과 욕실이 각각 3개나 있고 야외 테라스, 자쿠지, 야외 데크가 있어서 멀리 가지 않고도 제주의 풍광을 만끽할 수 있다. 이제 나는 제주에 갈 때 아무것도 준비하지 않고 몸만 가면 된다.

내가 이렇게 집 짓는 이야기를 길게 하고 땅값이나 건축비까지 가감 없이 공개하는 이유는 따로 있다. 20년 차 토지 전문가인 대박땅꾼은 자기 집을 지을 때 어떻게 했을지 생생하게 전달하기 위해서다.

어떤 지역을 선정했고, 어떻게 땅을 골랐고, 어떻게 집을 지었으며, 집을 짓기 전과 후의 토지나 건물 가치의 변화는 어땠을까. 이 모든 것을 알아보면서 독자들이 뭐든 유익한 정보를 하나라도 더 얻어가길 바라기 때문이다.

좋은 집터에만 눈이 멀었던 이야기부터 더 넓은 땅을 사서 후회 없이 건축한 이야기를 통해, 빚만 지는 집이 아니라 돈을 버는 경제적인 집을 짓는 이야기를 하고 싶었다.

　　　　　　　　　　　　1천만 원이 100억 되는 땅에 투자하라

건축비를 최대한 적게 쓰는 것만이 능사가 아니라 건축비가 많이 들어도 그 집이 수익을 낼 수 있도록 지을 때 투자 리스크는 적어지고 집의 가치는 더 올라간다. 이 부분은 집터를 사기 전부터 치밀하게 생각하고 검토했다.

사실 이때가 투자의 성패를 가르는 결정적인 단계였다고 생각한다. 설계가 끝났을 때는 이미 절반 이상의 성공을 예측해도 크게 틀리지 않는다. 내 집을 짓는 일에도 예외는 없다.

Chapter 5.

토지 투자 멘토가 된다는 뿌듯함

1 가르치며 배우니 공부해서 남에게 주자.

2 홀로서기의 목표인 직거래에 도전하라.

3 타인의 투자에서 배워라.

4 신뢰할 수 있는 리더를 찾아 공동 투자에 도전하라.

5 때로 작은 손해에는 너그러워져라.

6 열정을 가져라! 하나라도 더 얻는다.

7 괴로워도 슬퍼도 출근하는 직장인의 마인드로 오늘도 내일도

   투자의 길로 나아가라.

Chapter 6.

당신도
부자가
될 수 있다

부자가 되는 씨앗을 심어라

토지에 투자하기 위해 만나는 사람을 보면 50대 비율이 가장 높았다. 자식들이 모두 성인이 된 후에야 비로소 은퇴를 구체적으로 고민하는 세대라서 그런 것 같다.

50대 투자자는 종종 자기 투자와는 별도로 자식들도 토지에 대해 알았으면 좋겠다는 마음을 내게 토로하기도 한다.

"우리 애들도 대박땅꾼님처럼 한 살이라도 젊을 때 토지 투자에 눈을 떴으면 좋겠어요."

"그러면 너무 좋죠. 투자에선 시간이 돈이니까요."

"근데 저도 자금을 주면서 땅을 사라고 할 여력은 없네요. 설령 여유가 있다고 해도 성인이 되었는데 부모가 뭐든 해 줘서 의지하게 만드는 것도 아닌 것 같고요."

"맞는 말씀입니다."

"그럼 아직 모은 돈이 없는 20대 청년들이 당장 토지 투자를 할 수 있는 가장 현실적인 방법이 뭘까요? 조카가 있어서 조언을 하신다면요."

시간이 돈이라면 젊을수록 부자인 셈이다. 실제로 투자에서 시간은 돈이고 젊은 투자자는 시간이라는 큰 재산을 가지고 있는 것과 다름없다. 시간을 들여서 투자에 쓸 '총알'을 만들면 된다.

돈은 어디서든 벌면 된다. 언제 입사할지 모르는 불투명한 상황이라도 돈은 벌 수 있다. 카페 아르바이트를 하든, 건설 현장에서 일용직 노동자로 일하든, 비정규직 사원으로 일하든 '버는 돈'이 얼마인지보다 '모은 돈'이 얼마인지가 중요하다.

500만 원으로 땅 사는 법

일단 지금 모아둔 돈이 없는 20대라면 딱 500만 원만 모아 보자. 한 달에 100만 원씩 모을 수 있으면 5개월이면 되고, 50만 원씩 모을 수 있으면 10개월이면 된다. 500만 원이 있다면 일반 투자는 어려워도 경매로 나온 땅은 잡을 수 있다.

경매 사이트에서 지역은 따지지 말고 임야를 제외한 전답 위주로 검색하자. 한 번의 클릭으로 매주 쏟아지는 전국의 땅을 모두 살펴볼 수 있다. 이때 500만 원으로 경매에 나온 땅을 사는 방법은 두 가지로 제시할 수 있다.

첫 번째, 검색된 전답 가운데 도로를 접하고 있으면서 건축이 허가된 500만 원짜리 땅을 찾는다. 경매가가 500만 원일 뿐이지 감정가는 2,000만 원 안팎이다. 지역을 따지지 않으면 건축이 가능한 땅은 전국 어디서든 찾을 수 있다.

욕심을 내고 수도권으로 검색하면 500만 원짜리 땅은 눈을 씻고 찾아봐도 없겠지만, 충청권이나 전라권, 경상권, 제주권이라면 다른 호재가 보이지 않더라도 일단 구입하자. 왜냐하면 도로가 있고 건축이 되는 땅은 오르는 시점이 언제냐의 문제일 뿐 무조건 오르기 때문이다. 절대 떨어지지는 않는다.

나는 20대 때 조금 더 공격적으로 나와서 하자가 있는 물건을 샀다. 묘지가 있거나 허름한 건물이 있는 땅을 저렴하게 사서 이걸 어떻게 해결할지 연구하고 가치를 상승시켰다.

묘지를 이장하는 절차를 밟아서 묘지가 없어지면 500만 원짜리 땅은 1,000만~2,000만 원을 호가한다. 건물주를 만나서 건물을 철거해도 땅값이 오른다. 모든 땅은 하자를 풀 가능성이 충분히 엿보일 때 입찰하면 된다.

하지만 초보 투자자에게 내가 했던 방식을 그대로 권유하고 싶지는 않다. 나는 결심해서 전업 투자자로 뛰어든 사람이다. 다른 직업이 없었기 때문에 수익을 낼 방법을 찾는 데 전념할 수 있었다.

하지만 직업이 따로 있고 소액으로 투자를 시작한 사람이 처음부터 어려운 문제를 만나서 고생하면 그다음부터 토지의 'ㅌ'자도 꺼내지 말라며 마음을 닫을 수 있으니 추천하지 않는다. 특수 물건은 거르고 제대로 된 땅을 찾아서 입찰하는 게 좋다.

이런 땅은 경매뿐만 아니라 공매에서도 찾아봐야 한다. 공매의 장점은 경쟁자가 많지 않다는 것과 인터넷으로 입찰이 가능하다는 것이다. 평일에는 일하느라 직접 법원에 갈 시간을 내기 어려운 사람에게는 공매가 정말 편리한 수단이다.

하지만 어떤 땅인지 확인하기 위해 현장답사는 반드시 가야 한다. 주말이든 평일이든 쉬는 날에 놀러간다고 생각하고 직접 땅을 본 다음, 집에 돌아와 인터넷으로 입찰하면 된다.

그리고 땅을 낙찰받으면 5년 정도는 보유하라고 말하고 싶다. 2~3년 안에도 수익을 낼 수 있는 좋은 땅이 있지만, 호재가 없는 평범한 땅이라면 최소 5년은 잡아야 수익을 낼 수 있다.

그래도 어떤 일이 일어날지 모른다. 갑자기 2~3년 안에 돈이 급히 필요할 수도 있지 않은가. 그러면 땅을 팔아야 한다. 건축 허가를 받을 수 있는 땅을 사라고 했던 건 바로 이 때문이다.

우리나라 땅이 300억 평이라지만 70%를 차지하는 산지와 절대농지를 빼면 10%의 땅에만 건축 허가가 난다. 이 10%의 땅을 개발해서 건물을 짓고 사람들이 사는 것이다.

그래서 건축 가능한 땅은 언제든지 팔 수 있다. 더구나 경·공매로 산 땅은 주변 시세보다 훨씬 싸게 산 것이기 때문에 500만 원을 주고 샀어도 최소 2,000만 원 이상은 받을 수 있다.

지방에 있는 작은 땅이라도 이런 방식으로 수익을 낼 수 있다. 몇 년 동안 그냥 신경 쓰지 않고 다른 일을 하고 있었는데 투자금 500만 원이 2,000만 원이 되어 돌아오면 괜찮지 않은가.

투자의 재미를 알게 된다면 또 돈을 모을 것이고 수익금을 합쳐 더 좋은 땅을 사려고 할 것이다. 금액이 커지면 고를 수 있는 좋은 땅이 더 많아진다.

예산에 맞춰 투자하기 위해 상대적으로 저렴한 땅을 찾는 것이지, 무조건 저렴한 땅만 찾으라는 뜻은 아니다. 저렴한 땅은 하자가 있거나 땅값이 오를 호재가 적기 때문에 저렴한 것이다.

그리고 두 번째, 대출받아서 더 좋은 땅을 산다. 경매에서 낙찰된 부동산을 사는 사람은 경락잔금대출을 받을 수 있다. 아르바이트라도 꾸준한 수입이 있으면 경락잔금대출을 받아 좀 더 좋은 땅을 살 것을 추천한다. 대출이 80%까지 나오기 때문에 500만 원만 있으면 3,000만~4,000만 원짜리 땅을 잡을 수 있다.

20대 초보 투자자를 위해 한 번 더 짚고 넘어가는데 3,000만~4,000만 원짜리 땅은 경매가일 뿐, 감정가가 아니다. 경매로 나왔기 때문에 이 가격이지 감정가는 이보다 훨씬 비싸다. 감정가는 5,000만 ~6,000만 원 정도 되는 땅이니 낙찰받은 후 바로 되팔아도 이 금액을 받을 수 있다는 의미다.

대출이 부담스럽다면 낙찰받은 후 바로 팔아서 대출금을 갚을 수도 있다. 그러면 1,500만 원 안팎의 수익을 내는 셈이다. 입찰 경쟁자가 많아서 낙찰받기가 어려울 뿐, 경매가를 잘 써서 낙찰받기만 하면 바로 내 땅으로 등기해서 돈을 벌 수 있는 경매는 돈이 없는 투자자에겐 너무나 매력적인 방법이다.

그래서 종잣돈이 1,000만 원이 될 때까지 기다리는 것보다 500만 원으로 투자를 시작하는 것이 낫다. 이렇게 자신 있게 말할 수 있는 이유는 빨리 시작하는 게 땅과 시간 둘 다 사는 길이기 때문이다.

땅을 먼저 사고 대출을 갚아 나가면, 그게 내 돈이 되는 것과 동시에 시간을 버는 것이다. 땅에 시간이 쌓이면 지가는 서서히 오르기 마련이다. 이것만 생각하면 최소 투자 금액 500만 원을 모으는 즉시 망설이지 말고 투자하는 것이 좋다.

"대박땅꾼님. 만약에 현재의 투자 지식을 그대로 갖고 청년 시절로 돌아간다면 어떻게 하실 건가요? 예전과는 좀 다르게 하고 싶은 게 있나요?"

"제가 지금의 지식을 갖고 예전으로 돌아간다면 일단은 비싸더라도 좋은 지역에 투자할 것 같아요. 그때는 금리도 지금보다 저렴했으니까요. 예전에는 무조건 저렴한 땅만 찾다 보니 지방 위주로 투자했는데, 다시 돌아간다면 수도권, 이를테면 평택이나 안성, 화성의 땅을 선점했을 것 같아요. 지금의 반값, 아니 반의반 값에 수도권 땅을 살 수 있었을 겁니다. 좋은 입지의 땅이 확실히 가격도 잘 오르고 수익도 큽니다."

모든 부동산이 떨어지더라도 오르는 부동산이 바로 토지다. 토지는 개발 계획이 무산되거나, 효용 가치가 아예 없어지거나, 매우 비싸게 주고 산 몇몇 경우를 제외하면 시간이 지날수록 오른다. 토지의 특성인 부증성(물리적 양을 임의로 증가시키지 못하는 특성)과 부동성(인간의 힘으로 위치를 이동시킬 수 없는 특성) 때문이다.

투자의 씨앗을 심을 때는 처음이 어렵지 둘, 셋을 심는 건 갈수록 쉬워진다. 그러니 하나만 심지 말고 계속 심자. 그중 시간이 지나 수익을 내는 땅이 나오면 팔아서 더 좋은 땅으로 갈아탈 수 있다.

수확기가 모두 다르더라도 시간이 지나면 열매를 맺는 때가 반드시 온다. 시간 부자인 청년들에게는 토지 투자야말로 100억대 부자가 되는 꿈을 현실로 만들어 줄 가장 확실한 방법이다.

8억 원으로 수도권 단독 주택 사는 법

1960~70년대부터 해외에서는 고층 건물이 인간에게 미치는 영향에 관한 연구를 많이 진행했다. 고층으로 갈수록 각종 호흡기 질환,

알레르기, 피부병 등 병원균에 감염될 확률이 높다는 임상 결과도 수십 개에 이른다.

1992년 일본에서는 고층 아파트 거주자가 일반 주택 거주자에 비해 고혈압 발생률이 4배나 높다는 조사 결과를 발표하기도 했다.

우리나라는 10여 년 전부터 초고층 아파트가 본격적으로 지어지기 시작했는데, 마찬가지로 고층 건물 안에서 사람의 건강이 위협받는다는 연구가 조금씩 나오고 있다.

건강한 사람에게는 큰 문제가 없지만 노인과 어린이, 만성 질환자, 면역력이 약한 사람에겐 고층 거주가 좋지 않은 영향을 미칠 수 있다는 것이다. 꼭 이런 연구가 아니라도 우리는 대체로 땅을 밟고 사는 것이 건강하다는 속설을 믿는다.

사실 부자들은 대체로 단독 주택에서 산다. 마당이나 정원이 잘 가꿔져 있고 사생활이 보호되는 조용한 단독 주택을 선호한다. 나 역시 단독 주택에 관심이 많다.

그래서 생각했다. 지역에 따라 차이는 있겠지만 수도권의 30평형 아파트가 평균 7억~8억 원이라고 할 때, 이 금액으로 땅을 사서 단독 주택을 지을 순 없을까?

'수도권 땅값이 얼만데 그게 가능해?'하는 사람도 있겠지만 결론부터 말하자면 가능하다. 서울은 힘들겠지만 시야를 조금 넓혀서 수도권 택지까지 살펴본다면 충분히 가능하다.

도시의 이점을 모두 누릴 수 있는 경기권, 예를 들면 분당, 일산,

남양주, 동탄, 하남, 양주 옥정신도시 안에 있는 택지들이다.

아파트 단지와 섞여 있는 택지가 제일 좋지만, 예상보다 조금 비싸다면 중심부를 살짝 벗어난 외곽 택지를 노릴 수도 있다. 외곽이지만 도시 중심부에 들어가는 길목이라면 덜 복잡하고 조용한 택지를 찾을 수 있을 것이다.

대지는 70평 정도만 되어도 괜찮은데, 최소 3층의 다가구 주택으로 짓는다고 할 때 4억이면 건축 가능하다. 건축 면적을 40평 정도 쓰면 작은 마당도 가질 수 있고 기존 30평 아파트보다 2배 이상 큰 60평짜리 집을 갖는 셈이다.

사람에 따라 8억 원짜리 아파트가 더 편리하다고 느낄 수 있지만, 마당이 있는 단독 주택은 삶의 질을 높인다. 무엇보다 내 아래와 위에 아무도 살지 않는, 오롯이 우리 가족만의 집이라는 사실이 정서적으로 큰 만족감을 준다.

'공동 주택'과 '단독 주택'. 용어만 봐도 가치가 다르게 느껴지지 않는가? 현관문을 열고 나가면 바깥 공기를 쐴 수 있고 땅도 밟을 수 있어 더욱 쾌적하고 건강한 주거 생활을 할 수 있다.

내가 이런 이야기를 했더니 실제로 한 회원이 실행에 옮겼다. 살고 있던 아파트를 과감히 팔고 남양주에 있는 택지를 사서 예쁜 단독 주택을 지으신 것이다. 토지 매입비와 건축비는 모두 아파트를 매도한 값으로 충당했다. 나를 믿고 단독 주택으로 간 회원은 현재 굉장히 만족하신다.

내 경험에 비춰 봐도 단독 주택에서 살면 마음이 한결 여유롭고 넉넉해진다. 그리고 집을 살뜰하게 관리하게 된다.

집 안팎을 쓸고 닦기 때문에 아파트 생활보다 더 많이 움직이고, 산책이나 운동도 더 열심히 한다. 달라진 라이프 스타일은 몸을 건강하게 만들고 삶의 만족감을 훨씬 높인다.

이렇게 내 집을 짓기 위해 땅을 사라고 추천하고 있지만 투자 목적으로 택지를 구입할 수도 있다. 예를 들어 경기도 3기 신도시의 택지는 그냥 프리미엄을 얹어서 파는 용도로 낙찰받아도 좋다. 낙찰가에서 최소 1억 원은 오를 것이다.

현재 내가 사는 집터는 당시 평당 1,000만 원이었는데 2,000만 원까지 오를 줄 알았으면 진작 입찰했을 것이다. 그런데 나는 이 땅에 관심이 없었고 입찰 시스템도 잘 몰랐다. 그래서 뒤늦게 프리미엄이 3억 원이나 붙은 가격으로 샀던 것이다.

그러니까 아예 처음부터 택지에 입찰하면 다른 사람에게 프리미엄을 얹은 값으로 팔아 수익을 낼 수 있다. 토지와 건축, 두 마리 토끼 중 하나만 잡아도 높은 수익을 올릴 수 있는 게 바로 토지 투자의 묘미다.

3억 원으로 매달 300만 원씩 받는 법

1980년에 어린 자식들을 데리고 서산을 떠나 서울에 오신 아버지는 지금도 고향 소식에 귀를 기울이고 무슨 좋은 소식이 있으면 기뻐하신다. 어느 날 내게 서산에 좋은 매물이 없냐고 하시길래 아버지가 땅을 사고 싶어 하신다는 것을 눈치챘다.

"서산도 좋지만, 농지연금을 받을 수 있는 땅을 알아볼게요."
"농지연금? 그런 게 있어?"
"농지를 소유한 사람에게 주는 연금 제도예요. 땅을 사서 그냥 가지고 있는 것보다 농지연금을 신청해서 매달 얼마씩 받으시면 좋아요."

보통 연금은 기초연금, 공적연금, 퇴직연금, 개인연금, 부동산 담보연금 이 5가지로 나눌 수 있다. 그중 부동산을 담보로 하는 연금은 지금까지 주택연금만 있었는데, 2011년에 새로운 부동산 연금이 두 가지 추가되었다. 농지연금과 산지연금이다.

'농지연금'은 토지연금이라고도 하는데 2011년에 고령 농업인의 안정적인 노후 생활을 보장하기 위하여 도입된 세계 최초의 농지담보형 역모기지제도이다.

농업인이 소유한 농지를 담보로 노후 생활 안정 자금을 매달 지급하고, 가입자 사망 시 담보로 잡힌 농지를 처분하여 지급된 연금액을 상환하는 방식이다.

농지연금의 장점은 여러 가지가 있는데 국가 예산으로 운영되기 때문에 지급이 중단될 위험이 없고, 세제 혜택이 크다는 걸 가장 큰 이점으로 꼽을 수 있다.

6억 원 이하의 농지는 재산세가 감면되고, 저당권 설정이 되어 있으면 등록면허세, 지방교육세, 등기신청 수수료를 농어촌 공사 측에서 부담한다.

농지연금을 받으면서 농사를 지을 수도 있고, 다른 사람에게 임대를 줘서 추가 소득을 올릴 수도 있다. 가입자가 사망하면 배우자가 연금을 승계할 수도 있으며, 농지를 처분할 때 연금 수령액이 농지값을 초과하더라도 상속인에게 초과분을 청구하지 않는다. 반대로 연금 지급액보다 농지 처분 금액이 더 클 때는 남는 금액을 상속인에게 반환하니 이보다 좋을 수가 없다.

무엇보다 3억으로 매달 최대 300만 원까지 받을 수 있다는 허풍 같은 말이 정말 가능하다. 다만, 농지연금으로 매달 300만 원을 받으려면 감정가 9억 원 정도의 토지를 소유하고 있어야 한다.

공매를 통하면 감정가 9억 원의 토지를 3분의 1밖에 안 되는 가격에 낙찰받을 수 있다. 주택연금은 연금을 받는 주택에서 평생 살아야 하지만 농지연금을 받는 땅은 거주지로부터 반경 30km 이내에만 있으면 된다.

농지연금이 목적인 땅은 싸게 사는 게 가장 중요하다. 묘지가 있거나 법정지상권에 걸려 있거나 하자가 있는 땅은 감정가가 1억 원이라도 경매가가 약 3,000만 원까지 떨어져서 나오는데, 하자를 해결하면 감정가가 1억 원 이상까지 갈 수도 있다.

게다가 농지연금 수령을 목적으로 사는 땅이라면 맹지도 괜찮다. 주택연금의 경우 1억 원짜리 집이라면 매월 25만 원 정도 나오는데, 농지에 3,000만 원을 투자하면 60세부터 죽을 때까지 매달 30만 원 정도를 받을 수 있는 것이다.

아버지도 감정가 1억 5,000만 원짜리 땅이 경매로 5,000만 원에 나온 걸 낙찰받았다. 건물 뒤에 있는 하천 부지는 쓸모도 없고 길도 없어서 맹지나 다름없었는데, 나는 쓸데없는 잡목을 베어내면 농사를 지을 수 있겠다고 생각했다.

그렇게 해서 아버지는 현재 매달 50만 원의 농지연금을 받으신다. 돈이야 많을수록 좋다지만, 활동이 점점 줄어드는 노년기에 매달 안정적으로 입금되는 50만 원은 결코 적은 돈이 아니다.

다만, 농지연금을 받으려면 몇 가지 조건을 만족해야 한다. 우선 수급자가 60세 이상이어야 한다. 처음에는 65세였다가 2020년에 60세로 낮아졌다. 55세부터 주택연금을 받을 수 있는 것처럼 농지연금 수령 연령도 앞으로 더 내려갈 가능성이 있다.

그리고 5년 동안 땅을 소유하고 농사를 지은 농업인이어야 한다. 하지만 농업인 자격을 취득하는 것은 어렵지 않다. 다른 직업을 가지고 있어도 영농을 하는 게 가능하다.

굳이 원래 갖고 있던 직업을 포기할 필요는 없다. 농지를 쉽게 두지만 않으면 된다. 주말농장을 즐기는 사람에게 임대를 줄 수도 있고, 한국 농어촌 공사를 통해 전업 농업인에게 장기로 임대하는 방법도 있다. 이렇게 땅을 쉬지 않고 농사를 지은 기간의 합산이 5년을 충족하면 5년 연속으로 농사를 짓지 않아도 된다.

그러나 농지연금용 땅이라도 한 번에 큰 규모로 사는 것은 추천하지 않는다. 왜냐면 평생 받을 목적으로 샀더라도 인생에 어떤 변화가 생길지 모르기 때문이다. 목돈이 필요해서 농지연금을 포기하고 땅을 팔아야 할 수도 있다.

그럴 때 토지를 부분적으로 처분할 수 있도록 한 지역 안에서 1억 원 이상이 되는 땅 몇 개를 사거나, 더 적은 금액으로 작은 땅 여러 개를 사는 등 분산해서 사는 것이 바람직하다.

농지연금을 수령하는 방식은 다섯 가지인데 연금 신청을 하면서 내가 원하는 방식을 고를 수 있다. 감정 평가액이 9억 원인 땅을 예시로 들어 보자.

첫째, '종신정액형'은 매달 300만 원씩 받는 것으로, 가장 많은 사람이 선호한다. 둘째, '전후후박형'은 가입 초기 10년 동안 평균보다 조금 더 받는 형태다. 처음 10년은 400만 원을 받고 11년 차부터는 더 적게 받는 방식이다. 셋째, '수시인출형'은 총 지급액의 30% 이내에서 필요한 금액을 수시로 인출할 수 있는 방식이다. 넷째, '기간정액형'은 5년, 10년, 15년, 20년 중 가입자가 선택한 기간 동안 매달 일정한 금액을 받을 수 있는 방식이다. 다섯째, '경영이양형'은 가입자 사망 시 농어촌 공사에 땅의 소유권을 이전하는 조건으로 더 많은 금액을 받는 유형이다. 만약 토지 처분 금액보다 연금 지급액이 많더라도 상속인에게 차액을 청구하지는 않는다.

연금 설계는 되도록 젊을 때 하는 것이 유리하므로 사람들은 젊을 때부터 일정액을 납부해서 노후를 준비한다. 마찬가지로 농지연금도 준비 기간이 필요하다.

다만, 땅은 공매로 저렴하게 사는 것이 가장 좋은데, 공매 물량이 많지 않아서 내가 원하는 지역의 땅을 사기 위해서는 시간을 갖고 기다리기도 해야 한다. 거기다 농업인 경력 5년을 만들고, 농지연금 신청 후 토지의 감정 평가를 거치는 등 몇 가지 절차가 남아 있다.

또한 일반 농지는 구입 즉시 농지연금을 신청할 수 있는 반면, 경매로 산 농지는 2020년 법 개정에 따라 낙찰 2년 후부터 농지연금을 신청할 수 있다.

젊은 시절부터 준비한 연금이 없거나 연금 지급액이 부족하다면 40~50대부터 경·공매 사이트를 통해 수시로 좋은 물건을 찾도록 하자. 충분히 시간을 들여 준비한다면 농지연금을 통해 더욱더 안정적이고 편안한 노후를 설계할 수 있다.

산지연금에 주목하라

농지연금만큼 매력적인 게 산지연금이다. 말 그대로 임야, 산을 가지고 있는 사람에게 지급하는 연금인데 농지연금과 차이점이 있다.

우선 주택연금이나 농지연금은 평생 받을 수 있는 반면 산지연금은 최대 10년까지 받을 수 있다.

이걸 감안하더라도 산지연금에는 큰 장점이 하나 있다. 바로 감정 가의 40%를 선지급한다는 점이다. 1억 원짜리 임야를 구입해서 산 지연금을 신청하면 1억 원 중 4,000만 원을 먼저 받고, 나머지 6,000만 원을 10년 동안 매달 60만 원씩 나눠 받는 것이다.

또 하나의 장점은 농지연금을 받을 수 있는 땅은 자기 거주지에서 반경 30km 이내의 땅만 가능한 데 비해, 산지연금은 거주지와 상관 없이 대한민국에 있는 어느 산이든 가능하다는 것이다. 그리고 농지연 금과 달리 임야를 구입한 다음 날부터 연금을 신청할 수 있다.

다만, 재차 강조하지만 주택연금이든 농지연금이든 산지연금이든 연금 목적으로 부동산을 구입한다면 무조건 경매나 공매로 낙찰받 아야 한다. 일반 매물을 사면 수지타산이 안 맞기 때문이다.

주택이나 농지는 경매나 공매에 나올 때 반값, 혹은 30%까지 떨 어지는데 산지는 특히 더 싸다. 농지는 하자가 있는 물건이어야 경매 가가 반의반까지 떨어지지만, 산지는 하자가 없어도 그만큼 떨어지 는 물건이 대다수다.

이렇듯 산지연금은 맹지여도 상관없지만, 만약 차 한 대는 지나갈 수 있는 일명 '임도'라고 부르는 비포장도로가 있으면 연금 혜택이 더 좋아진다.

다만 산지연금은 땅의 면적이 넓어야 한다. 땅의 감정 평가액을 기

250　　　　　　　　　　　　　　　　　　　1천만 원이 100억 되는 땅에 투자하라

준으로 책정하는 농지연금과 달리 산지연금 산정가는 평당 4,000원 선에 그치기 때문에 1만 평 이상은 되어야 수령액이 쓸 만해진다.

그리고 또 중요한 건 산지연금을 받을 수 있는 땅이 매우 제한적이라는 점이다. 우리나라는 70%가 산지인데 그중 산지연금을 받을 수 있는 땅은 약 10%에 불과하다. 만약 산지연금을 받을 수 있는 땅을 찾았다면 복권에 당첨된 것과 같다.

산지연금을 받을 수 있는 땅은 워낙 귀하기 때문에 절대 주변에 누설하지 말고 조용히 낙찰받는 것이 좋다. 나와 같은 토지 투자 전문가가 알면 경쟁자가 생길 수 있기 때문이다.

그렇다면 산지연금을 받을 수 있는 땅인지 아닌지 어떻게 알 수 있을까? 입찰하기 전에 산림청에 전화해서 확인해 보면 된다. 산지의 번지를 이야기하면 공무원이 산지연금을 신청할 수 있는 땅인지 아닌지 확인해서 말해 준다.

산림청 홈페이지에 가면 국유림이 어디인지도 알 수 있는데, 만약 내가 사고 싶은 산지가 국유림에 둘러싸인 땅이라면 산지연금을 받을 수 있는 확률이 더 올라간다. 산림청 입장에서도 사유지와 접한 땅보다는 국유림과 접한 땅이 관리하기 좋기 때문에 매입 의지가 더 클 수도 있다.

산지연금을 받을 수 있는 땅을 잡기 위해서는 매주 1~2시간 정도 투자해서 경·공매에 나온 산지를 다 봐야 하지만, 농지연금을 받을 땅을 알아보는 김에 함께 알아보면 시간을 절약할 수 있다.

내 유튜브 채널 '대박땅꾼 아카데미'에 들어가면 농지연금과 산지연금을 받을 수 있는 땅을 찾는 방법도 영상 콘텐츠를 통해 자세히 배울 수 있다.

연금은 젊을 때부터 준비하는 게 보통이지만 농지연금과 산지연금은 비교적 짧은 시간 안에 노후 준비를 할 수 있다는 장점이 있다. 그리고 경·공매가로 아주 저렴하게 땅을 낙찰받아도 원래 감정가로 연금액을 산정한다는 점도 매력적이다. 이미 준비한 연금이 있더라도 농지연금이나 산지연금을 추가적으로 받으면 더 풍요로운 미래를 설계할 수 있을 것이다.

철도역 주변은 개통 후에도 오른다

서울은 메가시티다. 세계 여러 도시와 비교해 봐도 손에 꼽힐 만큼 규모가 크다. 인적·물적 자원이 풍부하고 많은 인프라가 모여 있다.

국토 균형 발전 차원에서는 수도권 집중화 현상이 바람직하지 않지만, 양질의 일자리가 대부분 수도권에 있는 이상 인구 밀집을 해소하는 건 현실적으로 어렵다. 지방 사람들도 일자리를 찾아 수도권으로 진입하는 상황이기 때문에 수도권의 주택이나 교통 문제는 앞으로도 지속될 것이다.

그런 의미에서 'GTX(Great Train Express)'라는 신개념 광역 교통

수단은 수도권 주민들의 삶을 획기적으로 변화시킬 수 있다. 기존 노선들은 주요 지역을 구불구불 돌아가고 너무 많은 역에서 정차하기 때문에 경기도권에서 서울로 진입하는 데 시간이 많이 걸렸다.

수도권 지하철이 지하 20m 내외에서 시속 30~40km로 운행되는 것에 비해, GTX는 지하 40~50m의 공간을 활용하고 노선을 직선화하면서 시속 100km 이상(최고 시속 200km)으로 운행한다.

서울을 중심으로 사방으로 인접한 수도권 도시에 살면서 서울로 출퇴근하던 사람들에게 GTX는 '출퇴근 30분 컷'이라는 꿈의 시대를 열어 줄 수단이다.

인천에서 서울역까지 오는 데 90분 정도 소요되던 게 30분으로 단축되고, 경기 북부의 양주에서 삼성역까지 가는 시간은 80분에서 23분으로 줄어들 것이다. 경기도민들이 손꼽아 기다릴 수밖에 없는 교통수단이다.

같은 비용이면 서울 아파트보다 수도권 외곽 도시에 땅을 사고 단독 주택을 짓는 걸 추천하는 이유도 그 때문이다. 앞으로 교통수단의 발달로 서울 진입이 과거와는 비교할 수 없을 정도로 빠르고 편리해질 것이다.

GTX는 지금까지 GTX-A, B, C 모두 3개의 노선을 확정했는데 2024년 1월에 정부가 일부 노선을 연장하는 방안을 발표했다. 여기에 3개의 신규 노선 GTX-D, E, F를 추가하는 계획이 포함되면서 GTX 수혜 지역은 큰 폭으로 확대될 전망이다.

GTX-A 노선은 파주 운정역-일산 킨텍스역-고양 대곡역-서울(연신내역-서울역-삼성역-수서역)-성남역-용인역-동탄역으로 이어지는데, 여기에 평택역이 추가되어 노선이 연장된다.

GTX-A 노선의 최고 수혜지는 동탄이다. 동탄신도시는 개발이 완료되면 수도권은 물론 우리나라에서 가장 인구가 많은 국내 최대 신도시가 될 예정이지만, 그동안 불편한 교통 때문에 상대적으로 사람들의 관심을 덜 받았다.

2024~25년 전 구간 개통을 목표로 하는 GTX-A 노선의 공사가 완료된다면 동탄역에서 판교나 강남역까지 가는 데 걸리는 시간이 20분 이내로 단축된다.

최근 동탄역-수서역까지 개통되었는데 강남의 외곽에 속하는 수서역이 삼성역으로 연결되는 순간 동탄은 물론이고 GTX-A의 노선이 빛을 발할 것이다.

파주 운정신도시는 GTX 신설 계획이 발표되며 주목받았지만, 서울과 멀다는 인식 때문에 아직 저평가된 지역이라고 할 수 있다.

고양시 대곡역은 복합환승센터로 개발되는 곳이다. 현재도 수도권 지하철 3호선과 경의중앙선 환승역인데, GTX까지 지나가면 트리플 역세권이라는 호재를 품게 된다. 주위가 워낙 낙후되어 아직 저평가되는지라 주목할 만하다.

GTX-B 노선은 수도권 동서를 가르는 노선으로 인천(송도역-인천시청역-부평역-부천역-종합운동장역)-서울(신도림역-여의도역-용산역-

　　　　　　　　　　　　1천만 원이 100억 되는 땅에 투자하라

서울역-청량리역-망우역)-남양주(별내역-평내호평역-마석역)를 잇는데, 여기에서 가평역-춘천역까지 2개 정차역이 추가될 예정이다.

현재 대중교통을 이용하면 서울까지 2~3시간이 걸리는 지역들이지만, GTX-B 노선이 완공되면 서울 진입에 소요되는 시간이 1시간 이내로 단축되며 새로운 교통 수요가 생길 것으로 기대할 수 있다.

이 가운데 남양주는 특별히 주목할 만한 도시다. GTX-B 노선은 물론이고 현재까지 추가 노선 신설 계획이 발표된 E, F 노선에 남양주가 포함되었기 때문이다.

계획대로 팔당, 왕숙2, 덕소, 교산에 GTX 정차역이 개통되면 남양주는 동북권 교통 혁명의 중심지가 되어 엄청난 호재를 맞이할 것으로 예상된다.

GTX-C 노선은 서울 동부권을 남북으로 지난다. 양주시 덕정역-의정부역-서울(창동역-광운대역-청량리역-삼성역-양재역)-과천역-금정역-수원역 이렇게 총 10개 역을 잇는다. 여기에 추가로 양주 덕정역 위로 동두천, 수원역 아래로 병점역-오산역-평택역-천안역-아산역까지 노선이 연장될 계획이다.

양주 덕정은 옥정신도시 옆에 있는데 산으로 둘러싸인 지역이라 교통 여건이 불편하여 상대적으로 저평가를 받고 있지만, GTX-C 노선이 들어서면 가장 큰 수혜를 보는 지역이 될 것이다.

덕정역 주위의 회천지구는 옥정신도시에 가려 개발이 지연되고 있지만 그 덕분에 저평가되어 토지 투자와 아파트 투자를 병행할 수 있다. 농지 외에도 택지나 업무 용지 등을 고려해 봐도 좋다.

GTX-D 노선은 Y자 형태의 노선으로, 한 축은 인천(장기역-검단역-계양역-대장역) 노선이고, 다른 한 축은 인천(인천공항역-영종역-청라역-가정역-작전역-대장역)-부천(종합운동장역)-광명시흥-서울(가산역-신림역-사당역-삼성역-수서역)-성남(모란역)-경기광주-곤지암-이천-부발-여주-원주까지 이어지는 노선으로 계획됐다.

GTX-E 노선은 인천(인천공항역-영종역-청라역-가정역-작전역-대장역)-서울(등촌역-DMC역-연신내역-평창역-신정역-광운대역-신내역)-남양주(구리역-왕숙2역-덕소역)까지 이어지는 노선으로 인천공항역에서 광운대역까지 40분이면 갈 수 있다.

GTX-F 노선은 의정부역-장흥역-대곡역-김포공항역-부천종합운동장역-신천역-시흥시장역-초지역-야목역-오목천역-수원역-기흥역-구성역-정자역-북정역-교산역-왕숙2역-왕숙역-탑석역까지 이어지는 노선으로 기존 철도 노선과 상당히 겹친다.

대중교통이 아무리 잘 발달해도 철도 한 개를 연결하는 것만 못하다는 말이 있다. 도로가 아무리 잘 정돈되어도 국내 자동차 보유율을 생각하면 수도권에서는 교통 혼잡을 피하기 어렵다. 그런 면에서 지하철이나 광역철도의 신속함과 편리함은 대중교통 중 으뜸이기에 철도역이 생기는 지역은 최고의 호재를 맞이하는 것이다.

충청도 당진은 토지 투자 전문가들이 앞다퉈 선호하는 유망지로, 가장 중요한 요소가 산업단지다. 산업단지는 인구 유입을 일으키고

1천만 원이 100억 되는 땅에 투자하라

경제 활동을 활성화시킨다.

인구가 늘어나면 도로나 철도가 개발되는 것은 당연한데, 당진 최초 철도로 서해선 복선전철 합덕역과 아산국가산업단지, 송산지방산업단지, 석문국가산업단지로 이어지는 철도 연장은 당진을 준 수도권으로 만드는 결정적인 교통 호재였다.

서해안 복선전철은 앞으로 중국을 상대로 하는 무역의 증가로 중요해질 것이다. 게다가 정차역인 합덕, 안중, 송산은 화물 취급 시설이 있기 때문에 물류처리역으로서의 영향력이 더 커지리라 본다.

GTX 노선이 연장된 곳과 신설 노선의 끝단을 보면 동두천, 춘천, 평택, 아산, 여주, 춘천, 원주 등에 투자자들의 관심이 집중될 것으로 보인다. 특히 춘천은 당진과 비슷하게 산업 구조 개편과 밀접한 교통 호재로 준 수도권 대열에 들 전망이다.

현재 강원도에서 유일하게 서울 지하철과 연결되는 ITX가 운행 중인 춘천은 GTX-B 노선 종점이 마석역에서 춘천역으로 변경되면서 수도권과 이어지는 강원권 최고의 교통 중심지가 될 전망이다.

또한 춘천은 춘천-속초를 연결하는 동서고속화철도가 속초에서 동해선까지 연결되며 2027년 개통 예정인 강릉-제진 구간을 따라 포항, 부산까지 철길이 이어질 예정이다. 이에 따라 기존 경강선과 함께 강원권 고속철도망으로 전국 2시간 생활권 시대를 앞당길 예정이다.

또한 춘천은 미래 수자원 신산업화의 선도 모델이자 데이터 산업 수도로 육성될 계획이다. 이미 2023년 상반기에 수열 에너지 융복합

클러스터 조성 사업 실시 계획이 지역개발조정위원회의 심의를 통과해서 사업 추진에 필요한 모든 행정 절차가 마무리되었다.

이 사업은 소양강댐 냉수의 수열 에너지를 냉난방 에너지로 활용하는 사업으로, 춘천시 동면 지내리에 24만 평 규모의 친환경 데이터센터 집적단지, 데이터 산업 융합밸리, 스마트팜, 수열 에너지 집적단지 등이 조성될 예정이다.

데이터센터 집적단지에는 네이버, 삼성SDS, 더존비즈온 등의 데이터센터가 들어올 예정이며, 여기에 더해 6개 데이터센터를 추가로 유치할 예정이다. 데이터산업 융합밸리에는 데이터 기업, R&D 센터, 스타트업 인큐베이터 등 IT 기업 300여 개를 유치할 계획이다.

GTX는 수혜 지역의 지가를 크게 올렸다. 과연 상승세가 계속될까 생각할 수는 있는데, 내가 역세권에 20여 년간 투자한 경험에 비춰 보면 '계속 오른다'라고 할 수 있다.

물론 호재는 이미 어느 정도 반영됐지만 GTX는 아직 개통되기 전이다. 내가 서해안 복선전철 합덕역과 안중역 주변의 토지에 투자해서 7~8배의 수익을 냈던 사례, 그리고 서울 지하철 5호선과 9호선 역세권에 투자한 사례 등을 종합해 보면 철도는 개통 전은 물론 개통 후까지도 지가 상승을 견인한다.

결론은 포기하긴 이르다. GTX-A 노선 주변만 해도 아직 늦지 않았다. 주택 가격을 생각하면 모두 강남 지역에 관심이 많겠지만 우선 경기 동탄과 용인, 서울 은평구와 그 위쪽 파주 운정까지는 아직 저평가된 지역이 많다.

GTX 노선은 그야말로 돈이 흐르는 줄기다. GTX 노선을 잘 분석해서 당신의 토지 투자에 날개를 달아 보자.

32년 만에 온 기회

정부가 32년간 농지법 규제에 따라 묶여 있던 농업 진흥 구역, 일명 '절대농지'를 해제하여 개발을 허용하겠다는 계획을 발표했다. 무려 32년 만의 일이다.

절대농지는 네모반듯하게 정리된 농지인데, 농사 외 다른 행위를 일절 허가하지 않는다. 농지 중에서도 가장 규제가 심하다. 농지를 지키는 일은 식량 안보 최후의 보루로 여겨졌기 때문에 절대농지에서 1ha 이상의 면적을 해제하는 일은 거의 없었다.

그런데 상황이 많이 달라졌다. 1970년대만 해도 인구 절반이 농업에 종사했지만 지금은 약 200만 명, 10분의 1로 줄었다. 게다가 농업 종사자 대부분이 70~80대 고령자이기 때문에 요즘 농촌에서 '60대는 청년'이라는 말이 나올 정도다.

거기에 더해 지방의 인구 소멸은 눈에 띄게 가속화되고 있어서 원래는 인구가 10만 명이 넘었던 전라도 김제의 인구도 지금은 그 절반밖에 되지 않는다.

현재 우리나라는 국토의 8%가 절대농지다. 정부는 생산성이 떨어진 절대농지를 도로·주택지·산업단지 등으로 개발하고, 남은 2.1ha 정도의 절대농지는 지방 경제 활성화 기반으로 삼겠다고 한다. 여의도 면적 70배에 해당하는 절대농지를 해제하겠다는 것이다.

절대농지 해제 소식은 우리나라 인구가 급격히 줄어드는 좋지 않은 상황 때문에 나온 것이지만, 토지 투자자에겐 역대급 호재이긴 하다. 내게 토지 투자 20년 동안 겪은 호재를 꼽으라고 한다면 2024년 절대농지 해제 소식이 세 손가락 안에 들어갈 정도다.

그동안 나는 절대농지가 저렴해도 절대 투자하지 말라고 거듭 말했지만, 이제 새로운 투자처로 절대농지를 눈여겨봐야 한다.

물론 모든 절대농지가 해제되는 것은 아니다. 수십만 평이나 100만 평 단위의 대규모 농지는 해제되지 않는다. 10만 평이나 20만 평의 소규모 절대농지가 해제되는 것이기 때문에 너무 넓은 면적의 절대농지에 투자하면 의미가 없다. 여전히 이런 대규모 절대농지는 가급적 피해야 한다.

투자처로 가장 좋은 지역은 수도권에 있는 절대농지다. 그러나 수도권에 있는 절대농지는 저렴하지 않다. 가령 지방의 절대농지는 평당 5만~10만 원 선이라면, 수도권의 절대농지는 평당 30만 원 선이다.

그러면 평당 30만 원을 가지고 수도권의 절대농지를 살지, 아니면 지방에 있는 계획 관리 지역의 평당 30만 원짜리 토지를 살지 고민하는 일도 생길 수 있다.

1천만 원이 100억 되는 땅에 투자하라

지금까지는 절대농지를 사면 자금이 중장기적으로 묶이기 때문에 웬만하면 비수도권의 농지를 매입하라고 추천했다. 그런데 이제 수도권에 평당 20만~30만 원짜리 절대농지가 매물로 나오면 대규모 농지가 아닐 시에는 투자해도 좋다고 말할 것이다.

지방의 절대농지는 철도 개통이나 산업단지 조성 같은 특별한 이슈가 있는 지역에 투자해야 한다. 산업단지 반경 1km 이내에 있거나 산업단지에 붙은 절대농지가 평당 5만~10만 원 정도 한다면 가격 경쟁력도 충분히 있고, 절대농지에서 해제될 가능성도 크다고 본다.

나는 2024년 말에 개통 예정인 서해선 복선전철 당진 합덕역이랑 평택의 안중역에 투자했는데 그 주변의 절대농지가 해제될 가능성이 더더욱 커졌다. 합덕역 근처에는 대규모의 절대농지에서 떨어져 나온 300평짜리 땅들도 가끔 나오므로 이런 땅을 찾아보길 추천한다.

다만 역세권이 아닌 곳의 절대농지에 지분 투자를 하는 건 추천하지 않는다. 당진 합덕역 절대농지의 지분 투자를 추천했던 이유는 그곳이 역세권 특별법으로 인한 환지 방식으로 가기 때문이었다. 하지만 일반적인 절대농지는 해제되어도 환지 방식♀으로 가지 않기 때문에 절대농지의 지분 투자는 추천하지 않는다.

또한 GTX 역이 들어서는 지역 인근의 절대농지에도 주목해야 한

♀ 토지가 수용된 지주에게 보상금을 지급하는 대신, 개발 구역 내에 조성된 땅(환지)으로 보상하는 토지 보상 방법이다.

다. 교통 호재 말고도 여러 호재를 풍부하게 가진 춘천과 서울을 제외하고 GTX 역을 가장 많이 갖는 남양주가 특히 중요한 지역이다.

토지 투자는 흔들리지 않는다

코로나19 팬데믹이 전 세계를 휩쓸고 지나간 후 모든 나라가 후유증으로 몸살을 앓고 있다. 저금리 시대를 지나 고물가·고금리 시대에 돌입하여 모든 지표가 굉장히 부정적이다.

그러다 보니 부동산 투자에 대한 사람들의 고민이 과거 어느 때보다 깊어졌다. 투자 심리가 깊이 가라앉은 것이다. 이런 상태가 되었을 때 나는 무엇을 할 수 있을까?

그래서 토지 투자자로 살았던 20년의 시간을 돌아봤다. 2005년에 첫 투자를 시작해서 15년 전에 개설한 인터넷 카페 '대박땅꾼 부동산연구소'와 10년 전 시작했던 유튜브 채널 '대박땅꾼 아카데미', 그리고 7년 동안 출간한 토지 실전서를 살펴보는 시간을 가졌다.

투자한 분야에 대해 내 나름대로 정리할 겸 살펴보면서 발견한 공통점이 하나 있다. 바로 불황이 아니었던 때가 없다는 것이다. 그간 출간했던 책에도 불황의 시기에 어떻게 투자해야 하는지 계속 얘기했다는 것을 발견하고 좀 놀랐다. 그러면서 내 투자는 어떻게 불황기를 거치며 지속될 수 있었을까 생각해 봤다.

나는 토지 투자였기 때문에 불황기를 견디는 게 가능했다고 생각한다. 토지는 일반 주택 경기와는 아주 다르기 때문이다.

서울을 필두로 전국 주택 가격이 대부분 상승세를 타며 쭉쭉 오를 때 땅값이 모두 올랐나 보면 그렇지 않다. 반대로 아파트값이 떨어질 때 땅값이 함께 하락했는가 하면 마찬가지로 그렇지 않다.

이래서 토지 투자가 어렵다고 느끼는 사람이 있을지도 모르지만 조금씩 공부하다 보면 토지 투자는 생각보다 단순명료하다는 것을 알 수 있다. 땅값이 오르는 이유가 다른 부동산보다 비교적 명확하기 때문에 일정한 법칙만 알아내면 쉬워진다.

토지 투자는 아주 개별적이고 지역적이다. 아파트값이 떨어진다고 해도 용인시 처인구 원삼면 일대는 SK하이닉스가 반도체 공장 4개를 짓겠다고 하니까 땅값이 오르기 시작했다.

반대로 양평 전체의 땅값이 잠시 들썩일 순 있어도 수익을 제대로 볼 수 있는 땅은 일부에 불과하다. 그걸 분석하고 수익이 되는 땅을 찾아가는 게 토지 투자의 핵심이라고 할 수 있다.

아파트의 경우 요즘 같은 불황기에는 매매가를 낮춰도 잘 팔리지 않는다. 하지만 땅의 가격이 크게 하락하는 경우는 극히 드물다.

개발 계획이 취소되는 악재를 만났거나, 기획부동산에 속아 비싸게 샀거나, 개발 지역의 거품이 최고조일 때 매입한 경우가 아니라면 땅값은 거의 내려가지 않는다. 땅을 두고 안전한 자산이라고 반복적으로 강조하는 이유도 여기에 있다.

2008년에 글로벌 금융 위기가 왔을 때도 나는 세종시에 투자했다. 당시 세종시도 분위기가 나쁘고 아파트값이 떨어져서 경매에 매물이 많이 나오는 상황이었는데, 세종시 땅값은 계속 상승했다. 땅의 호재는 아파트 건축만 있는 게 아니기 때문이다.

당시 세종시는 지역 간 격차를 해소하고 국토 균형 발전을 위해 국가의 중심 기능과 주요 정책 수립 기능을 분산시키려고 개발한 특별자치시라서 국가적인 투자가 꾸준히 이어지던 곳이었다. 부동산 시장이 안 좋아도 지가는 그 지역의 상황이 어떤가에 따라 충분히 오를 수 있다는 것을 보여 준 대표적 사례다.

땅은 불황기를 맞으면 아파트처럼 가격이 내려가기보다 경매로 넘어오는 경우가 많다. 경기가 나쁘면 땅을 보유하기 어려운 사람들이 물건을 내놓기 때문에 경매 시장은 모순적으로 호황기를 맞는다. 2024년 들어 경매로 나오는 물건이 점점 많아지는 것을 보면 지금은 확실히 불황기가 맞다.

경매의 장점은 실제 감정가의 절반 이하로 떨어진 경매가로 땅을 살 수 있다는 점이다. 게다가 낙찰받으면 그 순간부터 수익을 얻을 수 있다.

좋은 땅을 대단히 싸게 살 수 있는 경매는 투자자에게 있어 그야말로 노다지다. 매일 경매 사이트를 들락거리면서도 토지답사는 피곤하고, 입찰은 두려운 사람을 기다려 주는 땅은 없다.

32년 만의 절대농지 해제는 대사건이다. 나는 유튜브 구독자들에게 LH 사태 이후로 계속 규제받던 토지시장이 회복될 만한 완화 정책이 나올 것 같다고 꾸준히 얘기하기는 했다. 하지만 그 정책이 절대농지 해제가 될 줄은 몰랐다.

이제 지방마다 일자리가 있는 거점 도시들이 인구를 끌어당기며 덩치를 키워갈 것이다. 일자리가 많고 교통이 좋아지며 사람들이 모여드는 지역이 어디인지 찾으면 어느 지역의 절대농지에 관심을 가져야 하는지도 알게 될 것이다.

절대농지, 즉 농업 진흥 구역이 향후 관리 지역이나 주거 지역으로 용도가 변경될 경우, 그 땅의 가치는 어마어마해진다. 죽은 땅이 살아나는 것이다. 절대농지뿐만 아니라 일반 농지에 대한 규제도 풀릴 가능성도 커졌다.

지가는 재개발이든, 신도시 개발이든, 도로·전철 신설이든 개발 계획 발표, 착공, 준공, 심지어 개통 후까지 지속적으로 오른다.

개발 호재가 이미 땅값에 반영된 지역이라고 해도 그 안에 저평가된 지역들이 있기 마련이다. 땅을 사서 어떻게 가꾸고, 어떻게 이용하느냐에 따라 죽은 땅도 투자 가치가 높은 땅으로 바뀐다.

노련한 투자자들은 벌써 신발 끈을 단단히 매고 움직일 준비를 하고 있을 것이다. 만일 토지 공부를 오랫동안 했던 사람이라면 그냥 지나칠 일이 아니다.

나는 토지 시장이 오랜 침체기를 벗어나 다시 활성화될 거라고 예상한다. 상상력을 발휘하고 미래를 계획하는 사람에게 토지 투자로 부자가 되는 미래는 현실이 되어 다가온다.

많은 투자자와 상담하고 토지 투어를 진행하다 보면 토지 투자가 일반인들 사이에서 대중화됐다는 것을 실감한다. 특히 5,000만 원, 1억 원 미만의 돈으로 땅에 투자하고 싶어 하는 소액 투자자들이 급증했다. 소액으로도 토지 투자를 할 수 있다는 사실을 아는 사람이 그만큼 많아졌다는 뜻이다.

나 역시 주말과 휴일을 이용해 강좌와 토지 투어를 열고 있다. 선릉역과 동탄역 근처에서 원데이 클래스를 열고 있는데, SRT를 타고 지방에서 동탄으로 오시는 분들이 적지 않다. 그분들의 열정이 좋은 결실을 볼 수 있도록 준비를 많이 하고 간다.

초보 투자자들은 토지 투자를 두려워한다. 일단 땅에 대해 잘 몰라서 이 땅이 정말 괜찮은 땅인지 아닌지 판단하기 어렵기 때문일 것이다. 그렇다면 토지 투자 전문가나 멘토의 도움을 받는 것을 망설이지 않았으면 좋겠다.

꼭 내가 아니더라도 제대로 된 조언을 건넬 수 있는 전문가와 상의해서 투자하길 바란다. 컨설팅 비용이 들어도 손해는 아니다. 안전하게 투자할 수만 있다면 컨설팅 비용은 아무것도 아니다.

내가 목표로 하는 100만 평 대지주의 꿈은 경매에서 1,500만 원짜리 땅 한 필지를 낙찰받는 데서 시작됐다. 그날의 기쁨을 오늘날까지 잊을 수가 없다.

아버지가 주셨던 책을 읽고 단순히 저자를 부러워하는 데서 끝냈다면 지금의 나는 없었을 것이다. '아, 이런 사람이 있구나. 하지만 나와는 먼 이야기다'라고 생각하고 책을 덮었다면 나는 지금도 휴일만 기다리는 직장인이 되었을지도 모른다.

왜 3년 전에 투자하지 못했을까 한탄을 하는 분이 있다. 10년도 아니고 3년이다. 3년 전 자신이 투자할까 말까 망설이다가 포기한 땅의 지가가 두 배 이상 오르는 것을 보며 안타까워한다. 나는 이런 경우를 수없이 많이 봤다.

우리는 앞으로 70세까지 일해야 할지도 모른다. 일찌감치 경제적 자유를 얻어서 여유로운 삶을 실현하고 내가 하고 싶은 일, 내가 좋아하는 일만 하는 삶은 많은 사람의 로망이다. 한 살이라도 젊을 때 토지 투자에 입문하면 그 꿈은 빨리 이뤄질 것이다.

나는 그런 꿈을 꾸는 사람들에게 20년간 쌓인 노하우와 지식을 전해 주고 싶다. 토지 투자라는 좋은 것을 나만 알고 있기에는 아깝다. 내가 알고 있는 것을 나눠서 많은 사람이 경제적 자유를 누리며 풍요로운 삶을 살기를 소망한다.

Chapter 6.

당신도 부자가 될 수 있다

1   젊을수록 땅에 시간을 묻어라.

2   1,000만 원을 모을 시간에 500만 원으로 투자하라.

3   처음부터 자신에게 너무 어려운 과제를 주지 말라.

4   큰 거 하나 살 돈으로 작은 거 다섯을 사라.

5   GTX가 주는 기회를 지금부터 준비하라.

6   노후 대비는 토지가 주는 연금으로 준비하라.

7   100번의 숙고보다 1번의 결단으로 내 운명의 기운을 바꿔라.

집중하고 선택하자!
농지연금과
산지연금

농지연금과 산지연금 한 발 더 들어가기

현재 대한민국 국민의 평균 수명은 83.3세로, 길어진 노년의 행복을 지키기 위해 노후 대비는 현대인의 필수적인 과제가 되었다. 그러나 노후 대비는 생각보다 순탄하지 않다.

'노후파산'이라는 말이 있듯이 고립감과 고독감에 더해 빈곤까지 안고 노후를 보내야 하는 일이 현실이 될 수도 있다. 이미 OECD 국가 중 대한민국이 노인 빈곤율 1위라고 한다. 과연 나의 노후는 누가 책임져 줄 것인가?

따라서 노후에 필요한 자금을 마련하는 재무 준비가 노후 대비의 핵심이라고 할 수 있다. 일할 수 없는 노후를 잘 보내기 위해서는 돈이 얼마나 필요할까?

은퇴 후 필요한 생활비는 부부 기준 최소 월 200만 원, 적정 생활비는 월 270만 원이라는 보도가 있다. 하지만 물가 상승을 고려하면 이 금액으로는 부족하다. 한번 오른 물가는 경제 상황이 좋아져도 쉽게 내려가지 않기 때문이다. 게다가 과거와 다르게 회사에서 정년까지 버티는 건 점점 힘들어지고 있다.

이런 불경기 속에서 농지연금은 당신에게 튼튼한 동아줄이 되어줄 수 있다. 만 60세 이상의 국민이라면 누구나 월 최고 300만 원까지 나라에서 보장하는 연금이기 때문이다. 그렇다면 이토록 든든한 농지연금을 받기 위해서는 어떻게 해야 할지 살펴보도록 하자.

'농지연금'이란 만 60세 이상의 농업인이 소유한 농지를 담보로 노후에 필요한 자금을 매달 연금 형식으로 지급하는 제도다. 즉 농지은행이 담보로 잡힌 농지의 가치만큼 근저당 설정을 하고, 그 금액만큼 매달 나눠서 지급하는 방식이다.

농지연금의 다섯 가지 장점

1. 부부에게 종신 지급한다

농지연금을 받던 농업인이 사망할 경우, 배우자가 승계하여 계속 농지연금을 받을 수 있다. 단, 신청 당시에 배우자가 55세 이상이고

당사자가 승계를 원해야 한다. 배우자가 농지연금 신청 조건에 부합하지 않더라도 승계 신청이 가능하다는 장점도 있다.

다만 부부가 따로 농지연금을 받아서 각각 300만 원씩 수령하다가, 배우자 사망 시 승계하여 월 600만 원을 받을 수 있는 건 아니다. 인당 최대 300만 원까지 수령 가능하다.

2. 추가로 영농 또는 임대 소득을 얻을 수 있다

연금을 받으면서 담보 농지를 직접 경작하거나 임대할 수 있어 농지연금 이외의 추가적인 소득을 얻을 수 있다. 또한 농지연금을 수령할 때 부과되는 세금은 따로 없으며 국민연금, 퇴직연금, 공무원연금 등과 중복 수령이 가능하다.

3. 최적의 안정성이 확보된다

정부 예산으로 재정 지원이 이뤄지기 때문에 안정적으로 연금을 받을 수 있으며, 농지연금지키미 통장에 가입하여 월 185만 원까지는 압류 위험으로부터도 보호받을 수 있다.

4. 연금 채무 부족액을 청구하지 않는다

농지연금 수령인이 사망했을 때 농지는 경매를 통해 처분된다. 낙찰가가 그동안 지급된 연금액보다 커서 남은 금액이 있으면 상속인에게 반환한다. 설령 낙찰가가 지급된 연금액보다 적더라도 그 부족분을 유족에게 청구하지는 않는다.

단, 상속인이 해당 농지를 상속받고 싶은 경우에는 부족분과 그 이자를 모두 상환한 후에 상속받을 수 있다.

5. 재산세가 감면된다.

6억 원 이하의 농지는 재산세가 전액 감면되며, 6억 원을 초과하는 농지도 6억 원까지 감면된다.

농지연금 가입 요건

농지연금에 가입하려면 인적·물적 요소를 충족해야 한다. '인적 요소'는 신청자가 농업인이어야 하며 신청년도 말일 기준으로 농지 소유자 본인이 60세 이상이어야 한다. 2024년 기준으로 1964년 12월 31일 이전 출생자가 이에 해당한다.

또한 영농 기간이 5년 이상이어야 하는데 연속으로 5년일 필요는 없고 전체 영농 기간을 합산하여 5년 이상이면 된다. 임대 농지로도 농업인 경력을 쌓을 수 있다. 1년 중 90일 이상 다른 농장에 고용되어서 근무했다면 농업인으로 인정되며, 가족 중 농업인이 있으면 '경영주 외 농업인'으로 등록하고 농사를 도와주는 경우 경력을 인정받을 수 있다.

'물적 요소'는 실제 영농에 이용되고 있는 농지(전, 답, 과수원)를 2년 이상 보유해야 한다. 연금 신청 농지가 거주지 소재 또는 연접한 시군구 소재여야 한다. 즉 거주지 반경 직선거리 30km 이내의 농지여야 한다. 또한 부부 공동 지분은 가능하지만, 자식과는 공동으로 소유할 수 없다.

임대 농지 찾기

그렇다면 농업인 자격을 충족하기 위해 농지를 임대할 때 어떤 농지를 빌려 쓸 수 있을까? 개인이 상속받은 농지, 개인이 8년 이상 농사를 지은 농지, 국가 소유의 농지, 60세 이상 고령 농업인이 소유한 농지 이렇게 네 가지로 분류할 수 있다.

그중 국가 소유의 농지를 빌려서 영농 경력을 쌓는 경우가 많은데, 국가 소유의 농지를 빌리려면 온비드와 농지은행 사이트를 통해서 알아볼 수 있다. 온비드에서 경매 방식으로 임대할 수 있고, 농지은행에서 임대차를 찾아볼 수도 있다. 1년 임대료가 10만~20만 원인 저렴한 농지도 있으므로 농업인이 되려는 의지만 있으면 누구나 가능하다.

영농 경력 5년을 인증하는 방법은 농업경영체 등록 확인서(주소지 관할 국립농산물품질관리원에 문의), 농지대장(구 농지원부), 농지 소재지의 농지위원장이 확인한 경작 사실 확인서, 농협 조합원 증명서, 농약 비료 영수증, 인우보증서, 농업 일지 등을 제출하면 된다.

임대차 기간은 기본 3년 이상이며, 고정식 온실이나 비닐하우스 설치 시에는 5년 이상, 다년생식물을 경작할 때는 5년 이상이다.

정부가 지방 경제 활성화 정책을 펴면서 농지법을 완화해 도시 거주자에게도 농지 소유를 장려하기 시작했다. 휴경지가 늘어나는 것은 국가 입장에선 바람직하지 않기 때문이다.

소유한 땅에 작물을 경작하여 농지로만 쓰면 된다. 농지연금을 받고자 하는 농지 역시 마찬가지다. 그래서 외지인이 농지를 구입하고 농취증을 발급받는 데 큰 어려움이 없으며, 농지은행이 대신 경작할 농업인을 소개하기도 한다. 그러니 노후 대비로 농지연금이 유용하다.

농지연금을 받을 수 없는 농지

토지 투자에서 수익이 나지 않는 땅이 있는 것처럼 농지연금을 받을 수 없는 농지도 있으므로 주의해야 한다. 그 종류는 다음과 같다.

1. 소유자가 권리를 행사할 수 없는 농지

농지 위에 분묘, 농가 주택, 철탑 같은 시설물이 있다면 시설물의 면적만큼 농지연금 계산에서 제외되며, 불법 건축물이 설치된 농지는 농지연금을 받을 수 없다.

저당권 설정 등 소유자가 권리를 행사하는 데 제한이 있는 농지라도 선순위 채권최고액이 담보 농지 가격의 100분의 15 미만이라면 농지연금 가입이 가능하다.

2. 개발 계획이 확정된 농지

개발 예정지로 지정, 인가, 고시되어 개발 계획이 확정된 지역에 속한 농지도 농지연금 가입이 불가능하다.

3. 농지 취득 기간이 짧은 농지

2018년 1월 1일 이후 경매 및 공매(경매, 공매 후 매매 및 증여 포함)를 통해 취득한 농지도 농지연금 대상에 포함되지 않는다.

단, 여기에 예외가 있다. 농지연금 신청일 기준으로 신청인의 담보 농지 보유 기간이 2년 이상이면서, 신청인이 주민등록상 주소지 기준으로 담보 농지가 소재하는 시군구 및 그와 연접한 시군구까지 직선거리 30km 내에 거주하면 가입 가능하다. 물론 가능 여부를 정확히 판단하려면 관련 기관에 문의하는 게 좋다.

4. 길이 없는 농지

농기계의 진출입이 어려운 농지를 말한다. '맹지'라는 말은 없지만 맹지 같다면 관련 기관에 문의해서 확인하도록 한다.

농지연금 담보 평가 방법

개별공시지가의 100% 또는 감정 평가액의 90% 중 가입자가 선택할 수 있다. 단, 이때 감정 평가액은 경매 감정가와는 다르다는 점을 주의해야 한다. 공시지가와 감정 평가액은 두 배까지 차이 나는 경우도 있으니 가능하면 감정 평가를 받아보도록 하자.

농지연금의 종류

농지연금은 종신형과 기간형이 있다. 종신형은 사망 시까지 연금을 받는 것이며, 기간형은 연금 수령 기간을 설정할 수 있다. 농지은행 통합포털에 접속해서 예상연금조회 서비스를 통해 상황에 맞는 유형을 선택할 수 있다.

'종신정액형'은 매달 일정한 금액을 받는 아주 기본적인 유형이다. '전후후박형'은 초반 10년 동안 많이 받고, 그 후에는 조금 덜 받는다는 특징이 있다. '수시인출형'은 초기에 목돈을 마련한 다음에 매달 일정한 금액을 받는 유형이다. 예를 들어 농지연금 수령액이 월 300만 원이고 30%를 먼저 인출했다면 매달 210만 원 정도를 받는다고 보면 된다. '기간정액형'은 가입 연령 조건이 맞으면 신청할 수 있는데 기간이 짧을수록 수령액이 크다. 마지막으로 '경영이양형'은 연령 조건 없이 신청 가능하지만, 정해진 기간이 끝나면 농지은행에 바로 매도해야 한다. 기간정액형보다 수령액이 조금 더 많다. 하지만 양도 소득세가 발생하며 농업 진흥 구역 내의 농지만 가능한 단점이 있다. '은퇴직불형'은 비교적 최근에 도입된 것으로, 영농 경력이 10년 이상인 65세~79세, 3년 이상 소유한 농지여야 한다는 조건이 있다.

농지연금용 농지 선정 방법

1. 현황과 지목이 모두 농지로 일치

전국의 토지는 지적법상에서 규정한 전, 답, 과수원, 임야, 대지 등 28개의 지목으로 세분화한다. 하지만 공부상 지목은 임야로 되어 있으면서도 실제로는 밭으로 경작되는 등 현황과 다른 경우가 많다.

농지연금을 받기 위해서는 농지의 현황과 지목이 일치해야 하며 모두 답, 전, 과수원 같은 농지여야만 한다. 지목이 농지여도 현황상 농사를 짓지 않는 면적이 있다면 그 면적만큼 제외하고 계산한다.

2. 공시지가 대비 50% 근처의 물건을 선정

공시지가 100% 인정, 감정가 90% 인정을 받을 수 있는 것이 농지연금이다. 감정가가 공시지가보다 월등히 높아 감정가로 신청하여 인정받을 수 있다면 더할 나위 없이 좋겠지만 현실적으로 쉽지 않다.

감정가 신청이 받아들여지지 않을 때도 있으므로 항상 공시지가를 염두에 두고 농지연금용 농지를 검토하자. 공시지가 대비 50% 정도의 가격에 농지를 사서 신청한다면 약 2배 정도의 연금 효과를 누릴 수 있다.

3. 되도록 도심과 가까운 농지를 선정

도심과 가까운 농지는 차후 개발될 가능성이 있고, 마찬가지로 공시지가도 오를 가능성이 높아 연금액 산정에 유리하다. 즉, 앞으로 지가가 올라갈 만한 곳의 농지를 선정하는 게 좋다. 공장이 형성되어 있는 지역이나 주거 지역이 형성된 곳, 또는 주위에 개발된 곳이 있는 농지를 우선적으로 본다.

4. 경매 혹은 공매에서 검색

간혹 공시지가보다 저렴한 급매가 나오기는 하지만 굉장히 드물다. 경매나 공매를 통하여 농지를 찾는 편이 빠르다. 사실 일반 매매로 토지를 매입하면 큰 이익은 기대하기 힘든 게 현실이다. 경매·공매로 저렴한 토지를 매입해서 수익률을 극대화하는 게 좋다.

예기치 못하게 지상권, 분묘기지권, 유치권 등의 문제가 있는 물건도 기회가 될 수 있다. 이런 특수 물건은 관심을 덜 받기 때문에, 문제를 잘 파악하고 해결한다면 높은 수익을 기대할 수 있다.

경매에서 농지연금용 농지 찾기

농지연금 시나리오를 하나 써 보자. 50~60대에 농지를 임대해 영농 경력을 쌓고, 59세까지 경매나 공매로 농지를 저렴하게 구입하여, 60세에 농지연금을 신청하는 계획이면 무난하다.

2022타경1423				창원지방법원 밀양지원 ·매각기일 : 2024.05.13(月) (10:00) · 경매 1계(전화:055-350-2531)			
소재지	경상남도 밀양시 초동면 대곡리 792-2 도로명검색 D지도 E지도 G지도 주소복사						
물건종별	농지	감정가	204,195,000원	오늘조회: 1 2주누적: 4 2주평균: 0 조회동향			
				구분	매각기일	최저매각가격	결과
토지면적	2595㎡(784.99평)	최저가	(26%) 53,528,000원		2023-09-11	237,110,000원	변경
				1차	2023-10-16	204,195,000원	유찰
				2차	2023-11-20	163,356,000원	유찰
건물면적	건물은 매각제외	보증금	(10%) 5,352,800원	3차	2023-12-18	130,685,000원	유찰
				4차	2024-01-22	104,548,000원	유찰
매각물건	토지만 매각	소유자	이상건 외 4	5차	2024-02-26	83,638,000원	유찰
				6차	2024-04-01	66,910,000원	유찰
개시결정	2022-08-12	채무자	이상건 외 1	7차	2024-05-13	53,528,000원	
				매각 : 67,450,000원 (33.03%)			
사건명	임의경매(공유물분할을위한 경매)	채권자	이영순 외 2	(입찰6명,매수인:김해 이남희 / 차순위금액 63,500,000원 / 차순위신고)			
				매각결정기일 : 2024.05.20 · 매각허가결정			
				대금지급기한 : 2024.06.20			
				대금납부 2024.05.30 / 배당기일 2024.06.24			

경상남도 밀양시의 어떤 농지를 예시로 설명하겠다. 이 농지는 법정지상권과 분묘기지권이 설정된 매물이다. 법원 감정가는 2억 400만 원이었지만 최종적으로 6,700만 원에 낙찰됐다. 즉 감정가 대비 33%, 3분의 1의 가격으로 낙찰된 것이다.

그런데 분묘와 비닐하우스가 차지하는 면적이 농지의 면적에 비해 아주 작은 편이다. 그러므로 분묘와 비닐하우스 면적을 제외한 부분으로 농지연금을 신청하면 된다. 이 땅은 그 부분을 제외하더라도 나머지 땅이 넓다.

경매로 6,700만 원에 낙찰받았으니 감정가의 절반에도 미치지 못하는 금액으로 취득한 것이다. 문제를 해결하여 추후 농지연금 신청용으로 활용한다면 6,700만 원짜리 땅이 종신정액형 기준 월 42만 원으로 돌아온다.

경매에서 산지연금용 임야 찾기

산지연금을 위해 임야를 매입하려면 먼저 경매에 나온 임야를 살펴봐야 한다. 임야는 넓을수록 좋다. 적당한 매물을 찾으면 산림청에서 운영하는 산지정보시스템을 통해 해당 임야의 구분, 토양, 임상 정보 등을 확인해야 한다.

한국임업진흥원에서 운영하는 '임업정보 다드림(gis.kofpi.or.kr)' 사이트도 유용하다. 직접 지역 산림청 담당자에게 전화해서 정보를 알아보는 열의까지 있으면 더 확실해진다.

임야는 아파트나 주택과 달리 경매에서 감정가의 절반 이하로 낙찰되는 경우가 많다. 최근 낙찰된 임야의 가격을 살펴봐도 알 수 있다. 임야 대부분이 감정가의 50% 수준에서 낙찰됐다. 경매로 나온 임야 중에 산림청이 매입해 주는 임야, 즉 산지연금 신청 조건을 충족하는 임야가 있다면 큰 수익을 기대할 수 있다.

사례 1

2022타경4491			● 수원지방법원 여주지원 ● 매각기일 : 2024.06.12(水) (10:00) ● 경매 4계(전화:031-880-7448)				
소 재 지	경기도 여주시 대신면 하림리 산47 [도로명검색] [D지도] [D지도] [G지도] [주소 복사]						
물건품별	임야	감 정 가	2,754,717,000원				
				오늘조회: 10 2주누적: 96 2주평균: 7 [조회동향]			
				구분	매각기일	최저매각가격	결과
토지면적	58611㎡(17729.83평)	최 저 가	(8%) 226,863,000원	1차	2023-08-23	2,754,717,000원	유찰
				2차	2023-10-11	1,928,302,000원	유찰
				3차	2023-11-15	1,349,811,000원	유찰
건물면적		보 증 금	(10%) 22,686,300원	4차	2023-12-20	944,868,000원	유찰
				5차	2024-01-31	661,408,000원	유찰
매각물건	토지만 매각	소 유 자	홍석지	6차	2024-03-06	462,986,000원	유찰
				7차	2024-04-29	324,090,000원	유찰
개시결정	2022-12-15	채 무 자	홍석지	8차	2024-06-12	**226,863,000원**	
				매각 : 281,110,000원 (10.2%)			
사 건 명	임의경매	채 권 자	은평뉴타운새마을금고	(입찰4명,매수인:성남진 / 차순위금액 276,200,000원)			
				매각결경기일 : 2024.06.19			
관련사건	2012타경10848(소유권이전)						

실제로 감정가 27억 5,000만 원의 임야가 경매에서 2억 8,000만 원에 낙찰된 것을 예시로 예상 수익을 계산해 보자.

일단 낙찰가인 2억 8,000만 원보다 많은, 감정가의 40% 정도인 11억 원을 일시금으로 받는다. 그리고 산지연금이 지급되는 최대 기간인 10년 동안 매달 1,400만 원을 받는다.

임야가 연금 신청 조건에 부합하는지만 따져라. 산지연금은 금액 제한도 나이 제한도 없다. 예상 수익에 불과하지만 어떤 임야는 이보다 더 믿을 수 없는 결과를 가져올 수도 있다. 경매로 나온 임야를 잘 골라서 낙찰받으면 믿을 수 없는 일이 현실이 될 것이다.

사례 2

2023타경755			• 대전지방법원 서산지원　• 매각기일 : 2024.06.12(水) (10:00)　• 경매 4계(전화:041-660-0694)				
소 재 지	충청남도 당진시 석문면 초락도리 산31 [도로명검색] [D지도] [E지도] [G지도] [T주소복사]						
물건종별	임야	감 정 가	956,840,000원	오늘조회: 12 2주누적: 45 2주평균: 3 [조회동향]			
				구분	매각기일	최저매각가격	결과
토지면적	23921㎡(7236.1평)	최 저 가	(16%) 148,755,000원	1차	2023-12-12	885,077,000원	유찰
				2차	2024-01-17	619,554,000원	유찰
건물면적		보 증 금	(10%) 14,875,500원	3차	2024-02-21	433,688,000원	유찰
매각물건	토지만 매각	소 유 자	(주)물또다시	4차	2024-03-27	303,582,000원	유찰
				5차	2024-05-01	212,507,000원	유찰
개시결정	2023-02-15	채 무 자	지영관	6차	2024-06-12	**148,755,000원**	
사 건 명	임의경매	채 권 자	대전행복신협(변경전:목동신협)	매각 : 151,000,000원 (15.78%)			
				(입찰1명,매수인:경기 한우영)			
				매각결정기일 : 2024.06.19			
관련사건	2016타경8461(소유권이전)						

　감정가 9억 5,000만 원인 한 임야는 약 1억 5,000만 원에 낙찰됐다. 만약 이 토지가 산지연금 신청 조건에 맞다면 낙찰가 1억 5,000만 원보다 많은, 감정가의 40%인 3억 8,000만 원 정도를 일시금으로 받고 10년 동안 매달 470만 원의 산지연금을 받을 수 있다.

　산지연금을 받을 수 있는 임야가 경매로 나온 것을 알게 되면, 배우자나 자식에게도 알리지 말고 조용히 경매에 입찰해야 한다는 우스갯소리가 있을 정도로 경매와 산지연금이 만나면 예상치 못한 놀라운 결과를 얻을 수 있다.

사례 3

2023타경55509				• 수원지방법원 성남지원 • 매각기일 : 2024.06.10(月) (10:00) • 경매 1계 (전화:031-737-1321)			
소 재 지	경기도 하남시 광암동 345-1 도로명검색 D지도 N지도 G지도 주소복사						
물건종별	임야	감 정 가	596,085,000원	오늘조회: 1 2주누적: 76 2주평균: 5 조회동향			
				구분	매각기일	최저매각가격	결과
토지면적	전체: 17031㎡(5151.88평) 지분: 8515.5㎡(2575.94평)	최 저 가	(12%) 70,129,000원	1차	2023-11-13	596,085,000원	유찰
				2차	2023-12-18	417,260,000원	유찰
				3차	2024-01-22	292,082,000원	유찰
건물면적		보 증 금	(10%) 7,012,900원	4차	2024-02-26	204,457,000원	유찰
				5차	2024-04-01	143,120,000원	유찰
매각물건	토지지분매각(제시외기타 포함)	소 유 자	김상문	6차	2024-05-03	100,184,000원	유찰
				7차	2024-06-10	70,129,000원	
개시결정	2023-04-20	채 무 자	김상문	매각: 85,000,000원 (14.26%)			
				(입찰3명,매수인:권미경 (공유자우선매수) / 차순위금액 76,540,000원)			
사 건 명	임의경매	채 권 자	(주)현대부동산지분투자	매각결정기일 : 2024.06.17			

산지연금은 공유 지분이어도 공유자 4명까지는 신청에 무리가 없으므로 지분으로 나와서 가격이 많이 떨어진 임야에도 가능성을 열어둘 필요가 있다.

공유 지분으로 나온 임야 하나를 예시로 살펴보자. 해당 임야는 감정가 6억 원에 낙찰가 8,500만 원이다. 만약 산지연금 신청 조건에 부합한다고 사정하면 낙찰가보다 많은 2억 4,000만 원을 일시금으로 받을 수 있다. 또한 10년 동안 매달 300만 원을 산지연금으로 받는다.

이렇게 내가 투자하려는 임야가 산지연금 매수 대상인지 꼼꼼히 확인 후 경매를 통해 투자한다면 놀라운 수익을 잡을 수 있다.

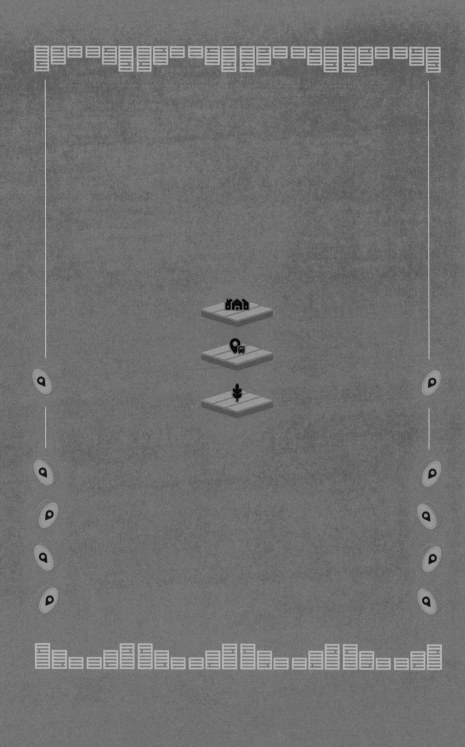

부록

독자가 묻고
대박땅꾼이
답하다

Q 상가나 아파트 투자에도 기회가 많으셨을 텐데 토지 투자에 집중하신 이유가 무엇인가요?

A 저도 상가와 아파트에 투자한 이력이 있고 지금도 수익형 상가에 투자하고 있는데요, 토지 투자를 가장 좋아하는 이유는 여러 가지 부동산 투자 중 가장 안정적이기 때문이에요. 땅은 한번 오르면 상승세가 가파른 반면 떨어지는 일은 거의 없기 때문에 안전합니다. 시간을 여유 있게 운용할 수만 있다면 토지 투자만큼 위험이 적은 투자도 없습니다. 그래서 젊은 시절부터 투자했던 제가 성공할 수 있었고 '시간 부자'인 젊은 분들에게 더 적극적인 투자를 권하는 것입니다.

Q 주식이나 코인 같은 투자는 안 하시나요?

A 주식과 코인은 하고 있지 않습니다. 제가 잘 아는 것만 하자는

주의예요. 토지 투자에 관해서는 긴 세월을 투자하여 누구보다 잘 알고 있다고 자부합니다. 만약 제가 주식이나 코인을 한번 해 볼까 한다면 토지 투자를 공부할 때처럼 또 엄청나게 공부를 하겠죠. 하지만 지금으로서는 토지 투자를 가장 선호하고 이것은 앞으로도 변하지 않을 것 같습니다.

Q 토지 투자가 소액으로 가능하다고 말씀하시는데 '땅은 부자나 사는 것이다'라는 편견은 어디에서 비롯된 것이라고 생각하고 어떻게 깨고 싶으신가요?

A 부동산을 많이 소유한 사람들을 보고 땅은 부자나 사는 것이라 생각할 수 있는데, 사실 부동산 부자들도 상속받은 것이 아닌 이상 처음부터 부자는 아니었을 거예요. 작은 땅을 사는 경험에서 출발했을 겁니다. 소액으로 토지 투자를 시작해서 부자가 될 수 있는 이유는 토지 투자 정보를 접할 수 있는 길이 다양하고 손쉬워졌기 때문입니다. 휴대폰을 들고 손품만 팔아도 알 수 있는 정보들이 많아졌죠. 땅은 부자들이나 사는 것이라는 편견은 이미 깨졌습니다.

Q 토지 투자에서 수익이 나려면 꽤 오래 기다려야 할 것 같은데 어떻게 견디셨나요?

A 저는 토지 투자를 2005년에 시작했는데요, 그때 투자했던 땅들이 약 3~4년이 지나면서 조금씩 결실을 가져오기 시작했습니다. 토

지 투자는 인내심을 가지고 기다려야 한다는 게 틀린 말은 아니지만 해마다 지가가 오르는 땅도 있죠. 하지만 토지도 분산 투자를 하는 것이 리스크를 줄이는 게 중요합니다. 한곳에 자금을 모두 쏟아부었다가 지가가 오르지 않아 자금이 모두 묶이면 안 됩니다. 자금을 나누어 분산 투자를 하면 한곳에 자금이 묶이더라도 다른 땅에서 수익을 낼 수 있습니다.

Q 종잣돈을 모으는 것과 관련하여 젊은 투자자에게 주실 수 있는 현실적인 조언은 무엇입니까?

A 안정적인 수입은 불규칙한 수입보다 힘이 센 것은 분명합니다. 다만 목표한 종잣돈을 모을 때까지는 자신에게 엄격해져야 해요. 저는 생활에 꼭 필요한 것이 아니면 아무리 소액이라도 지출하지 않았어요. 쓰지 않아야 모이죠. 한창 토지답사로 이곳저곳을 다닐 때는 먹는 것, 입는 것, 자는 것까지 아까워 지출을 최소화했죠. 이런 시간들은 꼭 보상받을 겁니다. 종잣돈 모으기로 최초 목표 금액을 달성하면 쾌감을 느낄 겁니다. 그다음부터는 같은 금액을 모을지라도 시간도 노력도 점차 적게 들죠. 이것의 반복입니다. 조금 적극적으로 종잣돈을 마련하고자 한다면 영업 분야의 일을 권하고 싶습니다. 시간을 비교적 자유롭게 쓸 수 있으며, 열심히 하는 만큼 수입이 늘어서 종잣돈을 빠르게 모을 수 있죠. 젊은 부자, 자수성가한 부자들 가운데는 영업 분야에서 일을 시작한 사람들이 많습니다.

Q 좋은 땅을 보는 안목은 어떻게 기를 수 있을까요?

A 손품, 발품, 멘토 이 세 가지를 꼽겠습니다. 일단 인터넷이나 모바일 접속만으로도 얻을 수 있는 정보가 굉장히 많습니다. 이를테면 경·공매사이트에 올라온 땅의 스펙을 분석하고 살피는 습관이 대표적인 손품이고요. 토지답사를 많이 다니는 것이 정말 중요한 발품이죠. 여기에 토지 투자 전문가인 멘토를 자주 모시고 이야기를 듣고 함께 토지답사를 할 수 있다면 땅을 보는 안목은 쑥쑥 높아질 겁니다. 저 같은 경우는 네이버 카페 '대박땅꾼 부동산연구소'에 토지답사 일정을 공유하고 있습니다.

Q 토지답사 이전에 익혀두면 좋은 지식은 무엇일까요?

A 포털 사이트가 제공하는 지도를 통해 토지답사 현장을 미리 봐두면 좋죠. 주변의 산과 강, 고속도로, 지방 도로의 현황들을 확인하고, 더 나아가 토지이용계획확인서, 토지대장, 지적도, 등기부등본 같은 공적 장부까지 열람하고 간다면 그 땅이 가진 미래 가치를 찾는 데 도움이 됩니다. 지적도는 필수로 지참해야 합니다.

Q 등기부등본과 토지대장의 차이는 무엇입니까?

A 등기부등본은 법원등기소에서 관리하며 땅의 소유권에 관한 내용이 기재된 공적 장부이고, 토지대장은 해당 지방 자치 단체나 토지 관리 기관이 관리하며 땅의 소재지, 지번, 지목, 지적, 소유자의 주

1천만 원이 100억 되는 땅에 투자하라

소와 같은 땅의 현황, 즉 스펙을 기록한 공적 장부입니다.

Q 초보 투자자들에게 추천할 만한 책과 강좌는 어떤 것이 있을까요?

A 20여 년 간 토지 투자를 해 온 전문가이자 투자자로서 저는 이미 토지 투자 분야의 책을 많이 출간했습니다. 저 역시 젊을 때 많은 책을 읽고 공부했는데요, 그런 책들에서 어떤 내용이 아쉬운지, 어떤 내용을 추가적으로 넣으면 좋을지, 현재 투자 환경은 어떻고 유망 지역은 어디인지 늘 주시하며 제 책에 그런 점을 충분히 반영하려고 노력했습니다.

〈대박땅꾼 전은규의 집 없어도 땅은 사라〉, 〈대박땅꾼 전은규의 당신의 땅을 가져라: 경매편〉, 〈대박땅꾼의 그래도 땅을 사라〉, 〈대박땅꾼 전은규의 이번에는 돈 버는 월세다〉, 〈1천만 원으로 시작하는 실전 토지투자 입문서: 토지투자 무작정 따라하기〉 등의 책들이 이제까지 펴낸 책인데 토지 투자의 A부터 Z까지, 투자 걸음마를 시작한 초보자부터 재야의 고수까지 이해하기 쉽습니다. 투자에 도움이 되도록 실전서를 여러 권 냈으니 그것만 보셔도 큰 공부가 될 거예요. 책 읽는 게 어려운 분들은 먼저 '대박땅꾼 아카데미'에 있는 동영상부터 보셔도 좋습니다. 용어 설명부터 유망 투자 지역을 살펴보는 것까지 600여 개의 콘텐츠가 있습니다. 토지 투자 강좌도 상시 개설하고 있으며, 네이버 카페 '대박땅꾼 부동산연구소'에서 그 일정을 공유하고 있습니다.

Q 경매와 공매는 어떻게 다른가요?

A 경매는 돈을 빌려간 사람이 돈을 갚지 않아서 나오는 물건이고 공매는 나라에 세금을 내지 않아 나오는 물건입니다. 경매는 법원에서 하기 때문에 해당 법원을 찾아가 입찰해야 하고, 공매는 한국자산관리공사에서 진행하며 인터넷으로 편하게 입찰할 수 있습니다. 공매는 경매에 비해 경쟁률이 낮아서 낙찰받기 쉽지만 좋은 물건을 찾기는 쉽지 않지요.

Q 묘지가 있는 땅을 사자고 결심하게 된 이유가 따로 있습니까?

A 묘지는 함부로 훼손할 수 없기 때문에 아무래도 묘지가 있는 땅은 가치가 떨어질 수밖에 없는데요. 그래서 묘지가 있는 땅은 경매가가 다른 토지보다 싸죠. 돈이 없던 투자 초기에 이런 물건에 집중할 수밖에 없었습니다. 이런 특수하고도 복잡한 문제를 가진 땅은 문제를 해결하기만 하면 큰 수익을 낼 수 있기 때문에 투자 고수는 일부러 그런 땅을 찾아 문제를 해결하기도 하죠. 그래도 초보 투자자들은 조심할 필요가 있고 전문가와 상의하는 것이 좋습니다.

Q 무료 경매 정보는 어디서 볼 수 있나요?

A 한국법원경매정보(courtauction.co.kr)에 접속하면 됩니다. 유료사설 사이트는 또 다른 고급정보를 제공하지만 초보 투자자는 이 무료 사이트에서도 충분한 정보를 얻을 수 있습니다.

Q 경매장에는 입찰할 사람만 들어가나요? 그냥 가서 볼 수는 없나요?

A 볼 수 있어요. 그 부동산의 주소지가 있는 지방 법원에서 이뤄지는데요, 혹시 우리 집에서 가까운 지역의 물건이 경매에 나오면 한번 현장답사도 하고 경매 입찰을 연습해 보는 것도 좋은 경험이 될겁니다. 경매의 좋은 점은 입찰일에 낙찰가를 알 수 있다는 것이라 자기 나름대로 낙찰가를 예상하며 모의 입찰을 해 볼 수 있어요.

Q 초보자가 절대 사면 안 되는 땅이 있을까요?

A 초보 투자자는 법에서 강력하게 규제하거나 개발 절차가 복잡하고 비용이 많이 드는 땅은 피해야 합니다. 마음대로 권리를 행사하기 어려운 특수지역권, 개발제한 구역, 맹지, 주위에 혐오 시설이 있는 토지, 등기부등본에 드러난 권리 관계가 복잡한 토지 등이 여기에 해당되죠. 사기 전에 토지에 관한 온갖 서류를 다 살펴봤다고 하더라도 꼭 현장에 가서 확인해야 합니다.

Q 적절한 경매가를 쓰는 데 도움이 되는 팁이 있을까요?

A 경매는 자신의 자금 사정에 맞게 쓰는 것이 가장 좋습니다. 좋은 땅은 또 오기 때문에 놓치는 일이 있다 하더라도 입찰가를 정했다면 소신을 지키는 것이 맞습니다. 다만 입찰가는 10원 단위까지 세세히 정하는 게 좋은데요, 보통 땅을 거래할 땐 1,000만 원, 100만 원 이렇게 딱 맞아떨어지는 가격이지만 경매는 10원으로 낙

찰자가 갈리는 경우도 있다는 것을 잊지 말고 10원 단위까지 쓰는 것이 좋습니다.

Q 제3금융권과 불법 사채의 차이는 무엇인가요?

A 제3금융권은 대부업법을 통해 양성화된 제도권 밖의 사채업을 부르는 이름입니다. 제1금융권이나 제2금융권에 비해 대출 절차가 간편하다는 장점이 있지만 금리가 높다는 단점이 있어요. 제3금융권은 관할 기관에 등록되어 있고, 현재 법정 최고 금리인 20%를 초과하는 금리를 요구할 수 없으며 불법으로 추심 행위(흔히 말하는 빚 독촉)를 할 수 없습니다. 그렇다 하더라도 신용 등급에 영향을 줄 수 있으니 되도록 제1,2금융권을 이용하는 것이 좋습니다. 따라서 관할 기관에 대부업체 미등록, 법정 최고 금리 이상의 고금리 요구, 불법 추심 행위 중 하나만 해당되어도 불법 사채라고 할 수 있습니다.

Q 관심 지역은 넓을수록 좋나요?

A 서해안을 보다가 강원도로 간다면 오가야 하는 동선도 길어지고 지역을 꼼꼼히 살펴 투자하는 일이 어려워지죠. 토지 투자 전문가는 있지만 전국 전문가는 없어요. 저도 투자 관심 지역을 넓히던 시기가 있었는데 관심 지역이 산재할수록 수박 겉 핥기가 될 가능성이 높습니다. 그래서 내가 잘 아는 지역, 내 관심 지역을 오솔길까지 훤히 꿰뚫고 촘촘히 연구하는 쪽으로 선회했죠. 그게 저에겐 새만금

과 서해안 라인의 충청도 지역이었습니다. 관심 지역을 정하고 집중적으로 연구해서 수익이 날 만한 곳에 투자해야 합니다.

Q 기획부동산의 정확한 정의는 무엇이고 그들의 사기 형태에는 어떤 것이 있을까요?

A 기획부동산은 '개인'이 아닌 '업체(회사)'가 이윤 추구를 위해 부동산 상품을 기획·판매하는 것입니다. 경제적인 이득을 많이 얻을 수 있을 것처럼 조작하여 투자자들을 혹하게 만들어 투자를 유도하고 자기들이 그 이득을 얻고 사라지죠. 객관적인 사실과 출처가 불분명한 자료로 회사 자체 기획안을 만들어 상품을 팔기도 하고, 시세보다 높은 가격으로 매매하기도 하고, 계약 당시 약속과 다르게 투자자 소유로 개별 등기가 안 나오는 경우도 더러 있어 시간이 흐르면서 법적 분쟁에 휘말리지만, 업체의 실체가 사라진 후면 이러지도 못하고 저러지도 못하는 일이 생깁니다. 깔끔한 양복을 입은 젊은 친구들을 영업 사원으로 고용해서 신뢰감을 주기도 하죠.

Q 법은 자주 개정되는데 바뀐 법을 알려 주는 곳은 없을까요?

A 한 군데서 취합해서 알려 주지는 않습니다. 국토교통부를 비롯해 관련 행정 기관 사이트에 자주 접속하시고 부동산 관련 신문이나 뉴스를 꼼꼼히 챙겨 보는 것도 좋습니다. 전문가가 운영하는 부동산 관련 커뮤니티에 가입하면 모르는 것은 물어볼 수도 있습니다.

관련 공부를 하고 하나씩 알아가다 보면 법 개정에 관한 정보를 들을 일도 많아지죠.

Q   어떤 경우에 땅값에 프리미엄이 붙나요?

A   부동산 프리미엄에는 여러 요인이 영향을 주기 때문에 전문가들도 섣불리 예측하는 것을 조심하지만, 간략하게 말하면 가능성과 희소성이라고 할 수 있어요. 자연적인 환경을 사람이 살기 좋은 환경으로 바꾸려는 것이 '개발'이라면 이 지역이 살기 좋게 발전할 가능성과 사람들이 탐내는 좋은 입지의 희소성이 프리미엄을 만든다고 할 수 있어요. 원하는 사람이 많은 땅일수록 가격이 올라가겠죠. 제가 집을 지을 때 이미 프리미엄이 붙은 토지를 구매했던 건 꼭 살고 싶은 지역이기 때문이기도 했고, 앞으로 발전을 통해 지가 상승의 가능성을 보기도 했기 때문입니다.

Q   스피드뱅크에서 해고당하지 않았더라면 여전히 직장과 토지 투자를 병행하고 계셨을까요?

A   그렇진 않았을 것 같습니다. 전업 투자자의 길을 언젠가는 걸었을 거예요. 투자 이력이 늘어날수록 주말과 휴일만 이용해서 토지 투자를 하기에는 시간이 부족하다는 것을 느꼈을 것이고 제 시간을 온전히 투자에 쓰고 싶은 마음이 들었을 거예요.

Q 내성적인 성격을 극복한 것 외에 토지 투자로 얻은 긍정적인 성향이 있다면 무엇인가요?

A 나의 판단을 믿고 내 투자에 대한 책임을 스스로 지면서 무엇을 탓하는 마음을 버리게 되었습니다. 토지 투자를 하다 보면 내가 취합한 정보를 가지고 판단한 것에서 어떤 변수들이 생길 수 있는데요, 그걸 최종적으로 판단하고 투자하는 것은 결국 제 자신입니다. 그리고 삶을 길게 보고 준비하는 태도와 어떤 상황 속에서도 '그럴 수 있다'고 생각하는 여유가 필요한데, 그런 성향이 제 성격이 되기도 했습니다.

Q 대박땅꾼님도 자녀에게 토지 투자를 권유하실 건가요?

A 물론입니다. 하지만 관심이 없는데 억지로 권유할 마음은 없어요. 아무리 좋은 것이라도 스스로 관심을 가져야 비로소 이 분야를 배워야겠다는 동기도 생기고 적극적인 자세도 갖게 되기 때문입니다. 자식이라도 그건 억지로 만들어 줄 수 없는 것이니까요.

1천만 원이 100억 되는 땅에 투자하라

1판 1쇄 발행 2024년 10월 25일
1판 2쇄 발행 2025년 2월 4일

지은이 전은규, 박광원

발행인 양원석
편집장 최두은
책임편집 김슬기
디자인 스튜디오 글리
영업마케팅 윤송, 김지현, 이현주, 백승원, 유민경

펴낸 곳 ㈜알에이치코리아
주소 서울시 금천구 가산디지털2로 53, 20층(가산동, 한라시그마밸리)
편집문의 02-6443-8860   **도서문의** 02-6443-8800
홈페이지 http://rhk.co.kr
등록 2004년 1월 15일 제2-3726호

ISBN 978-89-255-7444-8 (03320)